NFT아트

실전 수업

차근차근 따라 하면 내 작품이 돈이 되는

NFT아트

실전 수업

돈신궁예 지음

라이온북스

이 책은 이제 막 NFT 아트를 시작하고자 하는 분들을 위한 책입니다. 최근 들어 NFT에 대한 관심이 많아지면서 관련된 콘텐츠들도 많아졌습니다만, 처음 시작하는 작가들에게 실질적으로 도움이 될 만한 이야기는 부족하다는 생각이 들었습니다. 그래서 유튜브 영상을 만들기 시작했고, 좋은 기회로 출판까지 하게 되었습니다.

NFT 작가가 되기 위한 첫걸음으로 가장 추천하는 것은 다른 작가들의 활동을 살펴보는 것입니다. 대부분의 NFT 작가들은 SNS를 통해 자신의 작품 활동을 홍보하고 대중들과 소통하기 위해 부단히 노력하고 있습니다. 그러한 활동을 지켜보는 것만으로도 큰 도움이 되리라 생각합니다. 이 책의 후반부에는, 다양한 분야에서 활발하게 활동하고 있는 국내 NFT 작가 10분에 대한 이야기가 실려 있습니다. 그 작가들은 또 수많은 작가 커뮤니티와 연결되어 있습니다. 그렇게 연결고리를 타고 가다 보면 더 많은 작가들과 만나실 수 있을 것입니다.

그리고 기회가 된다면 꼭 작가 커뮤니티와 함께하셨으면 합니다. 그 이유는 NFT 아트가 기본적으로 인디아트의 성격을 띠고 있기 때문입니다. 작가 혼자서 작품 제작부터 홍보, 마케팅, 고객 관리까지 다 처리해야 하는 만큼, 서로 도우며 동반성장을 도모하는 작가 커뮤니티가 반드시 필요합니다. 또한 다양한 장르의 열정적인 작가들과 어울리며 얻는 인사이트가 나의 성장에도 큰 도움을 줍니다.

마지막으로, 길게 보고 차근차근 시작하라는 말씀을 꼭 드리고 싶습니다. NFT 시장은 최근 들어 급속도로 커지고 있고, 다소 과열 양상을 보이고 있습니다. 관련된 법적 이슈도 많습니다. 게다가 기술도 유행도 정신없이 빠르게 변합니다. 조급한 마음으로 따라가다 보면 스텝이 꼬이기 쉽습니다.

NFT는 분명 매우 유용한 도구입니다. 예술이 디지털 세상의 무한한 가능성과 만날 수 있게 해주고, 예술가에게 정당한 수익을 보장해 주며, 작품을 매개로 수많은 커뮤니티를 형성시켜 줍니다. 하지만 도구는 도구일 뿐, 본말이 전도되어선 안되겠죠? 묵묵히 나의 작품세계를 만들어가면서 NFT라는 새로운 도구를 적절히 잘 활용해 나가면 된다고 생각합니다.

예술, 하루 이틀 하실 것 아니잖아요?

그 새로운 시작의 길목에서, 이 책이 여러분께 조금이나마 보탬이 되기를 바랍니다.

Contents

NFT 작품 준비하기

커뮤니티 활동

드디어 NFT 제작

1장

NFT 아트를 하는 이유

NFT를 시작하기까지

내 작품이 일론머스크 처남에게 팔렸다고?

"작가님, 작품 팔린 것 같아요. 메일 확인해 보세요!"

작년 5월경, NFT 모임 단톡방의 한 작가님이 나를 태그하며 톡을 보내왔다. 그러자 줄줄이 축하 멘트가 달리기 시작했다. 이 단톡방에서는 흔하게 볼 수 있는 판매 축하 릴레이였지만, 그 주인공이 내가 될 거라고는 예상하지 못했다. 첫 작품을 올리고 한 달이 넘도록 판매 소식이 들리지 않자 내심 반쯤 포기한 상태였기 때문이다. 얼떨떨한 기분으로 감사 인사를 돌리고, 나는 서둘러 경매 시작을 알리는 홍보 영상을 만들었다. 작품의 공동작가인 아내에게도 문자를 보냈다. 아내 역시 믿기지 않는 눈치였다.

"이게 정말 되는 거였어?"

내가 작품을 올린 파운데이션Foundation이라는 플랫폼은 첫 입찰을 받은

도표 1-1 • 첫 판매 당시 받은 메일 화면

출처: 저자 제공

뒤 24시간 동안 경매가 진행된다. 총금액 1.92 이더로 경매 절차가 끝나고 최종 낙찰자를 확인한 나는, 구매자의 트위터를 찾아 태그를 달고 감사 트윗을 날렸다. 그러자 구매자는 좋은 작품을 만들어주어서 오히려 본인이 고맙다는 댓글을 달아주었다. 그리고 자신의 트위터 계정에 작품에 대한 장문의 감상평을 줄줄이 게시하기 시작했다.

지금까지 작품을 하면서 내 작품에 대해 이렇게 즉각적이고 열광적인 반응을 받아본 일이 있었던가? 나의 디지털 작품이 실제로 팔린다는 것, 내 작품을 산 사람에게 직접 감사 인사를 할 수 있고, 그의 감상을 들을 수 있다는 것. 이 모든 것이 정말 새로운 경험이었다. 나는 구매자가 어

떤 사람인지 더 알고 싶어져서 그의 SNS 프로필을 살펴보기 시작했다. 그 사람이 누구인지 확인한 뒤, 나는 잠시 멍하니 있다가 아내에게 다시 한번 톡을 날렸다.

"우리 작품을 산 사람… 일론 머스크 처남(?)인 것 같아"

도표 1-2 • 〈Battle of the WarNymphs〉 Grimes

출처: 니프티게이트웨이

〈War Nymph〉 시리즈는 테슬라의 CEO 일론 머스크의 여자친구이자 캐나다 출신 가수인 그라임스Grimes가 그녀의 남자형제인 맥 바우처Mac Boucher와 함께 만든 작품으로, 10분 만에 65억 원에 판매되어 당시 큰 화제가 되었던 작품인데, 이 작품의 공동 작가인 맥이 내 작품의 구매자였던 것이다.

국내 미술시장에서도 존재감이 없던 나의 작품이 지구 반대편에서, 그것도 나와 아무 인연도 연고도 없는 해외 유명작가에게 팔리다니! NFT 아트를 하기 전에는 상상도 할 수 없었던 일들이 연이어 벌어지고 있었다.

NFT 시장이 폭발하다

국내 미디어에서 NFT에 대한 관심이 폭발하기 시작한 것은 2021년 3월 경이었다. 미국의 디지털 아티스트 비플Beeple(본명 마이크 윈켈만Mike Winkelmann)의 〈Everydays – The First 5000days〉가 786억 원이라는 어마어마한 금액에 판매된 것이 도화선이 되었다. 그라임스의 'War Nymph' 시리즈, 트위터 창업자 잭 도시Jack Dorsy의 첫 트윗, 미국 시사지 타임지가 내놓은 NFT 기사, 유명한 인터넷 밈 냥캣Nyang cat 등 화제의 NFT들이 모두 2021년 3월을 전후로 판매되었다. NFT 시장은 2021년 3월 이전과 이후로 나뉜다고 해도 과언이 아닐 것이다.

도표 1-3 • 〈Everdays: The First 5000 Days〉 비플

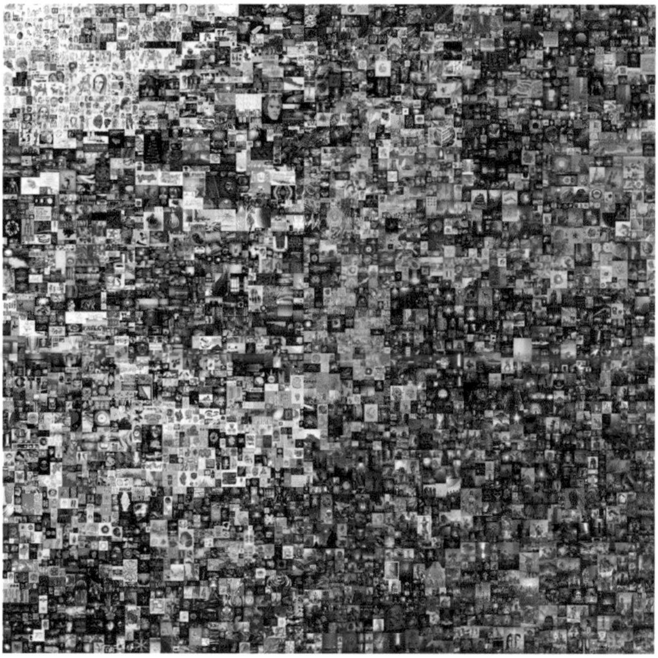

출처: 크리스티 경매 홈페이지

도표 1-4 • 잭 도시의 첫 번째 트윗

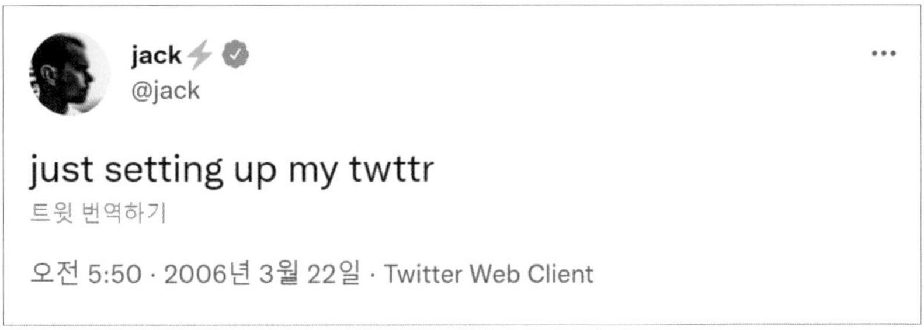

출처: 잭 도시 트위터

당시 세간에는 '○○○ NFT ○○○ 원에 팔렸다!'는 등의 뉴스가 하루가 멀다 하고 쏟아져 나왔는데, NFT에 대해서 깊이 있게 다루기보다는 해외 토픽 같은 느낌의 가십성 기사가 대부분이었다. 당시에는 필자 역시 진지하게 들여다보지는 않았던 것 같다.

도표 1-5 • NFT에 대한 구글트렌드 그래프

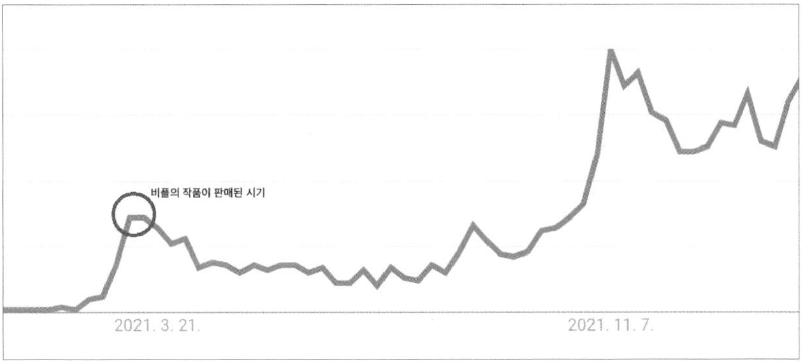

출처: 구글

그러던 어느 날, 친분이 있는 한 작가가 나 같은 애니메이션 작가야말로 지금 NFT를 공부하고 어서 뛰어들어야 한다고 강력하게 조언하며 한 카카오톡 단체 채팅방에 초대해 주었다. 채팅방의 이름은 '클하 NFT'였다. 그곳에는 이미 많은 작가들이 함께 모여 NFT를 연구하고 있었다. 공

지 게시판에는 NFT에 관한 양질의 자료들이 가득했는데, 먼저 시작한 작가들이 직접 부딪히고 시행착오를 거치며 알아낸 귀한 지식들이었다. 모두들 열심히 자신의 작품을 만들면서도 헌신적으로 서로를 돕는 모습이 인상적이었다. 하루에 수백 개가 넘는 채팅이 올라왔는데, 하나하나가 모두 도움되는 정보였다. 하루에도 몇 번씩 다른 작가들의 판매소식이 들려왔다. 디지털 페인팅이나 짧은 애니메이션 작품들이 대부분이었다. 이 모든 것이 내게는 너무도 새롭고 놀라웠다. 어쩌면 NFT야말로 내가 지난 10년간 찾아 헤매던 시장일 수 있겠다는 희망이 들기 시작했다.

정말 작품만으로 먹고 살 수는 없을까?

나는 디지털 아티스트다. 아내와 함께 요그YOG라는 이름으로 단편 애니메이션을 만들고 미디어아트 전시를 한다. 나의 작품은 국내외 영화제에서 많은 상을 받았고, 전시에서도 좋은 평가를 받곤 했다. TV나 잡지에도 자주 소개되었다. 하지만 아쉽게도 그것이 직접적인 수익으로 이어지지는 않았다. 대부분의 수익은 외주 작업을 통해 얻었다. 외주의 규모가 커질수록 작품 활동의 비중은 줄어들었고, 나의 소중한 작품들은 그저 외주 수주를 위한 포트폴리오 중 하나가 되었다.

틈틈이 전시활동을 이어갔지만, 우리의 작품에는 단 한번도 'Sold out'을 뜻하는 스티커가 붙은 적이 없었다. 애니메이션이란 결국 디지털 파일일 뿐이다 보니, 사실 나부터도 그것이 팔릴 것이라고 기대하지는 않았던 것 같다. 작품만으로 먹고 산다는 것은, 나에겐 그저 먼 꿈이었다.

그럼에도 계속 작품을 만들었던 이유는, 그렇게라도 작품을 통해 대중

과 이야기를 나누고 싶었기 때문이다. 나는 우리의 작품이 소수의 전문가나 마니아가 아닌 일반 대중에게도 감동을 주고 의미 있는 작품일지늘 궁금했다.

버스킹 하듯이 거리로 나가보자, 텐트 영화제!

도표 1-6 • **텐트 영화제 실황 이미지**

출처: 저자 제공

우리는 그동안 나름의 방식으로 그 꿈을 실현하기 위해 부단히 노력했는데, 그중 하나가 '텐트 영화제'였다. 텐트 영화제란, 마치 뮤지션들이 버스킹 공연을 하듯, 길거리에 텐트를 펼치고 그 안에서 소형 프로젝터로 작품을 상영하는 소규모 상영회다. 관객은 자유롭게 텐트로 들어와 작품을 볼 수 있지만, 본 이후에는 감상평을 남기거나 돈을 내고 나가야 한

다. 단, 관람료는 관객이 알아서 정하고 관객이 원한다면 즉석에서 관객과의 대화도 했다.

텐트 영화제는 조금씩 규모를 키워나갔고 지금까지 전국 곳곳에서 17차례나 이어갔다. 지난해에는 서울시의 '한강 몽땅' 행사의 일환으로 메타버스 공간에서 행사를 치르기도 했다. 불특정 다수의 관객과 만나서 작품 이야기를 나눌 수 있다는 것이 즐거웠고 소소하게 수익도 얻을 수 있었다. 멋진 작가들을 섭외해서 함께 어울리는 재미도 있었고, 대중들의 반응도 좋았다.

하지만 기대했던 것처럼 '작품으로 돈을 버는 시스템'이 되지는 못했다. 행사 한 번 하는 데 시간과 에너지가 너무 많이 드는 데다 수입도 안정적이지 않았던 것이다. 그저 좋은 사람들과 함께 모여 한바탕 노는 축제 정도의 의미로 만족해야 했다.

IT 기술과 커뮤니티를 활용해 보자, 큐알코드QR Code 영화제

또 다른 시도는 '큐알코드 영화제'였다. 첫 시작은 2011년, 아이폰이 혁신의 아이콘이고 트위터가 신문물로 느껴지던 시절이었다. 나는 10개의 영상작품 링크가 포함된 큐알코드들로 포스터를 제작하고 여러 언어로 번역해서 트위터로 배포했다. 포스터를 다운로드한 사람들에게는 미션이 있었는데, 포스터를 프린트해서 한날한시에 각자 자기 동네 벽면에 붙이자는 것이었다. 각자 극장주가 되어 함께 전 세계 동시 개봉을 해보자는 구상이다. IT 기술과 커뮤니티의 힘을 이용해서 콘텐츠 유통구조를 바꿔보겠다는 생각이었는데, 생각해 보면 지금 NFT의 방향성과 비슷한 것 같다.

도표 1-7 • 2011년 제1회 큐알코드 영화제 실황 이미지

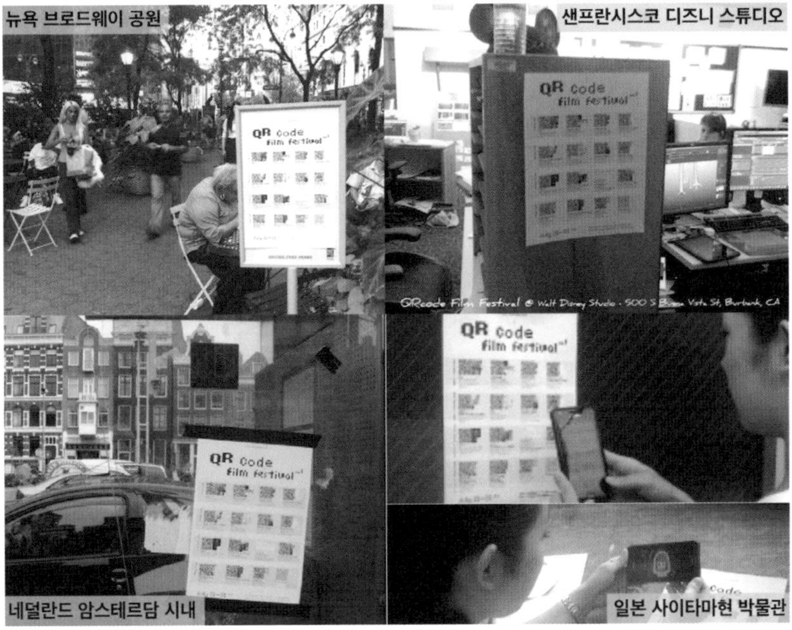

출처: 저자 제공

감사하게도 큐알코드 영화제는 전 세계 많은 사람들의 참여로 국내외 여러 매스컴의 조명을 받게 되었고, 다음해에는 기업과 정부기관의 협찬을 받아 좀 더 큰 행사로 이어지기도 했다. 무비위크, 대학내일 등 6개의 잡지와 서울시 도시철도 5, 6, 7, 8호선의 모든 스크린 도어에 한 달간 게시되었으며 공중파 뉴스에서도 소개되었으니 행사 자체로만 보면 성공적인 진행이었다. 영화제가 끝나자 행사 제휴에 대한 제안들이 이어졌다. 하지만 우리가 원한 건 행사 기획사가 되는 것이 아니었다. 이슈를 만드는 데는 성공했지만 수익 모델을 구축하는 데 있어서는 완벽한 실패였다. 이 행사는 더 진행하지 않기로 했다.

나도 NFT 작가가 될 수 있을까?

나는 지난 10년간 작품 활동만으로 수익을 창출하고 더 많은 사람들과 만나는 방법을 찾기 위해 정말 많이 도전해 왔다. 생활을 위해 많은 시간을 외주 작업에 쏟아야만 했지만, '지속 가능한 예술'에 대한 고민은 늘 마음 깊은 곳에 자리하고 있었다. 그런 나에게 NFT는 절대로 지나칠 수 없는 기회로 보였다. 실제로 많은 디지털 아티스트들이 NFT 아트를 통해 디지털 아트를 판매하고 큰 기회들을 얻어 가는 모습을 보며 꿈에 부풀기도 했다.

하지만 초반에는 시행착오의 연속이었다. 한 달이 넘도록 판매 소식은 들리지 않았다. 주변 다른 작가들의 판매 소식이 계속 들려오니 더 불안해졌다. 결국 NFT도 방법이 아닐지 모른다는 절망감에 빠질 때도 있었다. 포기를 고민하던 시점에서, 마지막으로 한 가지 도전을 더 해보자는 생각이 들었다. 부계정을 만들어서 완전한 신인 아티스트로 다시 시작해 보는 것이었다. 더 자유로운 작품들을 만들고 더 저렴한 가격에 판매해 보았다. 트위터를 통한 소통도 열심히 했다. 그러자 생각보다 빠르게 판매가 되기 시작했다. 이더리움Ethereum이 아닌 다른 체인들도 되는대로 시험해 보았다. 체인마다 특징이 다르다는 것도 재미있었다. 테조스Tezos라는 체인에서는, 비록 금액이 크지는 않지만 꽤 많은 판매고를 올리기도 했다. 그런 경험들이 쌓이면서 자연스럽게 NFT 시장에 대한 이해도가 많이 올라가게 되었다.

한편으로는 본 계정의 작품도 어떻게든 더 알리기 위해 노력했다. 커뮤니티의 동료 작가들이 홍보에 큰 도움을 주었고, 함께 온·오프라인으로 전시를 진행하기도 했다. 당시 해외 갤러리들 중 NFT 전시를 추진하

는 곳들이 많이 생기기 시작했는데, 그런 곳에도 부지런히 신청하여 전시 기회도 얻을 수 있었다.

그리고 드디어, 본 계정 작품의 첫 판매 소식을 듣게 된 것이다. 그것도 해외 유명 작가에게 팔린 것이다. 모두가 자신의 일처럼 기뻐해 주었다. 다시 용기가 샘솟았다.

물론 아직 정답을 찾았다고 단언하기는 어렵다. 저작권 문제, 해킹 문제 등 NFT 시장에도 수많은 문제들이 산적해 있다. 내가 이 시장에서 계속 성과를 낼 수 있을지도 알 수 없다. 하지만 이 시장에는 항상 새로운 것들이 등장하며 쉴 새 없이 재미있는 일들이 벌어진다. 배울 점 많은 멋진 작가들이 가득하다. 내 작품을 구매해준 소중한 컬렉터들도 많다. 그들로 인해서 나는 작품만으로 먹고 살 수 있으리라는 꿈을 다시금 꿀 수 있게 되었다. 이 정도면 충분한 이유가 아닐까? 나는 앞으로도 계속, 더욱 열심히 NFT 아트를 할 생각이다. 이 신나는 길에 더 많은 분들이 함께 했으면 좋겠다.

NFT 아트의 장단점

NFT 아트의 10가지 매력

내가 주목한 NFT 아트의 매력은 다음과 같다.

1. 디지털 작품도 돈을 받고 팔 수 있다.
2. 직접 거래하고 바로 정산된다.
3. 이송, 보관비가 없다.
4. 2차 판매 수익이 가능하다.
5. 모두에게 열려 있다.
6. 국경이 없다.
7. 구매자들과 관계가 생긴다.
8. 작가들의 커뮤니티가 생긴다.
9. 작품의 영역이 확장된다.
10. NFT, 메타버스 산업에서의 활용성이 높다.

1. 디지털 작품도 돈을 받고 팔 수 있다.

NFT의 가장 본질적인 역할은 디지털 자산의 거래 기록과 소유권 증명 기능이다. 이것을 활용하면 디지털 작품도 원본성을 인정받고 거래가 가능해진다. 디지털 페인팅, 애니메이션, CG, 3D, 디지털 음악 등 원본 거래가 거의 불가능했던 디지털 아트 영역이 실물 아트 작품처럼 거래될 수 있는 환경이 조성된 것이다.

2. 직접 거래하고 바로 정산된다.

기존의 미술작가는 판매에 있어서 갤러리나 에이전시에 의존할 수밖에 없었다. 일반적으로 작품의 판매 수익은 작가와 갤러리가 5:5로 나눈다. 판매가 이루어져도 정산을 받기까지 오래 걸리는 경우가 많다. 하지만 NFT 아트는 기본적으로 직거래이다. 마켓플레이스의 도움을 받으면 수수료가 있기는 하지만, 기존 미술시장의 갤러리와 비교하면 매우 낮은 수준이다(2.5~15% 내외). 게다가 거래와 함께 정산이 즉시 이루어진다.

3. 이송, 보관비가 없다.

일반 미술작품은 작품의 이송이나 보관에도 꽤 많은 돈과 노력이 필요하다. 작품의 규모가 커지고 가치가 올라갈수록 그 비용은 더욱 올라가게 된다. 하지만 당연하게도, 디지털 작품은 그럴 필요가 전혀 없다.

4. 2차 판매 수익이 가능하다.

NFT 작품은 구매자가 재판매를 할 경우 원작자에게도 수익금이 배분되게 할 수 있다(보통 10% 내외로 책정한다). 이는 작가에게 있어서 훌륭한 추가 수익원이 된다. 또한 자식 같은 나의 작품이 지금 누구의 소유이고

어떻게 가치를 인정받고 있는지를 지속적으로 체크할 수 있다는 점도 큰 매력이 아닐 수 없다.

5. 모두에게 열려 있다.

NFT 아트는 누구라도 당장 시작할 수 있다. 나이나 성별, 출신을 따지는 일도 없다. 물론 이미 유명하고 인지도 있는 작가라면 유리한 점이 있는 것은 사실이다. 하지만 매력적인 아트워크Artwork와 콘셉트Concept, 열정적인 활동을 바탕으로 무명작가가 몇 달 만에 스타 작가로 성장하는 경우를 드물지 않게 접할 수 있다.

6. 국경이 없다.

블록체인Block Chain 상에서는 작가나 구매자나 모두 하나의 '지갑 주소'일 뿐, 국적은 중요하지 않다. 기본값이 '글로벌'인 시장이다. 작가 입장에서는 세계적인 인지도를 만들고 글로벌 팬을 만들 수 있는 좋은 기회가 된다.

7. 구매자들과 관계가 생긴다.

기존 미술작품은 누가 내 작품을 사갔는지 알기 어렵다. 하지만 NFT는 작품의 구매자를 어렵지 않게 찾을 수 있다. 구매자의 계정이 SNS와 연결되어 있다면, 작가는 구매자에게 직접 감사 인사를 전하고 지속적으로 관계를 이어나갈 수 있다. 작가가 유명해질수록 구매자가 투자한 작품의 값어치도 함께 올라가기 때문에, 구매자는 누구보다 열렬한 팬이자 지지자가 되어준다. 작가에게 작품의 주제나 새로운 기법을 제안하는 경우도 있다.

8. 작가들의 커뮤니티가 생긴다.

NFT 아트를 처음 시작하면 공부할 것이 정말 많고 홍보도 무척 어렵기 때문에, 작가들끼리 커뮤니티를 만드는 경우가 많다. 커뮤니티에서는 서로의 홍보를 도와주기도 하고 공동창작, 단체전, 스터디그룹, 공동발표회 등 다양한 활동이 이루어진다. 이 과정에서 서로에게 좋은 영향을 받아 새로운 장르를 개척하거나 큰 성장을 이루는 작가들이 많다.

9. 작품의 영역이 확장된다.

새로운 기술을 익히고 생소한 개념을 이해하다 보면, 그로부터 받은 영감을 작품에 적용하고 싶어지기 마련이다. 또한 커뮤니티에서 다양한 장르의 작가들과 영향을 주고받다 보면 새로운 시도를 하고 싶어지곤 한다. 그러다 보니 NFT 아트에는 새로운 기법과 전위적인 표현들이 가득하다. 기존의 작업 영역을 넘어서는 시도를 하는 작가들도 많다. 금속공예를 하던 작가가 AR 조각가로 거듭나기도 하고, 회화작가가 메타버스 공간에서 건축물을 만드는 3D 아티스트가 되기도 한다.

10. NFT, 메타버스 산업에서의 활용성이 높다.

NFT와 메타버스는 매우 긴밀하게 연결되어 있는 기술이다. 또한 NFT, 메타버스 관련 산업은 매우 큰 관심을 받고 있는 미래 산업이다. 국가도 기업도 모두 대대적인 투자를 진행하고 있고, 시장규모는 급속도로 커지고 있는 실정이다. 이러한 영역에서 NFT 아티스트가 할 만한 역할이 매우 많다. 메타버스에 전시되는 작품부터 시작해서, 메타버스 공간에서 쓰이는 많은 것들이 결국 아티스트의 손에서 탄생될 것이다. 이미 아티스트를 중심으로 하는 수많은 프로젝트들이 나타나고 있고, 앞으로도 더

많은 기회가 생길 것으로 예상된다.

NFT 아트의 10가지 리스크

NFT 아트는 단점도 많다. 스타일상 NFT와 잘 맞지 않는 사람도 분명히 있을 것이다. NFT 아트를 시작하기 전에 반드시 생각해야 할 10가지 리스크를 정리해 보았다.

1. 알아야 할 것이 너무 많다.
2. 변화가 너무 빠르다.
3. 홍보가 어렵다.
4. 환경오염에 대한 우려가 있다.
5. 시장에 거품이 있다.
6. 암호화폐 가격의 변동성이 심하다.
7. 저작권을 침해하는 스캠 계정이 생길 수 있다.
8. 지갑 해킹의 가능성이 있다.
9. 원본이 유실될 수 있다.
10. 각종 규제나 세금 정책이 정리되지 않았다.

1. 알아야 할 것이 너무 많다.

NFT 아트를 시작하면 가장 먼저 만나는 장애물이다. 생소한 개념과 처음 듣는 단어들이 가득하다. NFT 시장에서는 너무 당연해서 굳이 설명하지 않고 쓰는 일상적인 용어들도 입문자들에게는 넘기 힘든 진입장벽처럼 느껴질 것이다.

2. 변화가 너무 빠르다.

NFT 관련 뉴스를 찾아보고 공부를 하다 보면, 시장의 변화 속도가 엄청나게 빠르다는 것을 알게 될 것이다. 워낙 급성장 중인 산업인 데다가 글로벌 시장을 두루 보아야 하기 때문에 더욱 그렇다. 빠른 변화에 스트레스를 받는 타입의 사람이라면 적응이 힘들 수도 있다.

3. 홍보가 어렵다.

모두에게 열려 있는 만큼, 수많은 작품들 사이에서 컬렉터 눈에 띈다는 것이 쉬운 일은 아니다. 작품만 하기도 버거울 때가 있는데 브랜딩, 홍보, 마케팅, 고객관리까지 신경 쓰다 보면 과부하가 걸릴 때도 많다. 게다가 해외 컬렉터에게 어필하기 위해서는 언어의 장벽도 넘어야 한다.

4. 환경오염에 대한 우려가 있다.

이더리움 기반의 NFT를 발행하기 위해서는 채굴이 필요한데, 그 과정에서 많은 전력이 필요하다. 탄소배출 영향이 거의 없는 테조스나 솔라나 같은 대안도 있고, 이더리움 또한 탄소배출을 99% 이상 절감할 수 있는 POS(지분증명) 방식으로의 전환을 눈앞에 두고 있기는 하다(2022년 하순 예정). 하지만 아직까지는 이더리움 방식의 NFT가 대부분이고, 따라서 탄소배출량이 많은 것이 사실이다. 물론 그 기준이 모호하고 과장된 면이 있다는 반론도 많다. 하지만 중요한 것은, NFT 아티스트가 그러한 비난의 화살을 받기에 가장 쉬운 위치에 있다는 점이다. 실제로 NFT 아티스트들을 따라다니며 환경에 관련된 공격성 악플이나 디엠DM을 보내는 사람들도 많다. 여기에 대한 나만의 입장이나 대처방안도 필요할 것이다.

5. 시장에 거품이 있다.

급속도로 성장하는 시장에 거품이 끼는 것은 어쩌면 당연한 일이기도 하다. 하지만 그 거품을 타고 단기적인 수익 목적으로 들어오는 사업가, 사기꾼, 투기세력들이 NFT의 이미지를 좋지 않게 만든다. 그로 인해 작가들이 피해를 보는 경우도 많다. 또한 그 거품이 한순간에 사라지는 시기가 온다면, 시장 전체가 침체에 빠질 가능성도 있다.

6. 암호화폐 가격의 변동성이 심하다.

2021년 11월 8일 4,800달러를 넘나들던 이더리움 시세는 2022년 1월 22일 2,400 달러까지 떨어졌다. 두 달 반 만에 반 토막이 난 것이다. 코인 투자를 오래 한 사람들은 이러한 변동성이 흔한 일이라고 생각할 수도 있겠지만, 작가 입장에서는 내 작품의 가치가 오르락내리락하는 것처럼 느껴져서 불안할 수 있다. 또한 가격의 변동이 크면 가스피(수수료)가 비싸지는 경우가 많아서 늘 체크를 해야만 한다.

7. 저작권을 침해하는 스캠Scam(신용 사기) 계정이 생길 수 있다.

열심히 작품을 올렸는데 작품을 그대로 캡쳐해서 유사한 이름의 가짜 계정을 만드는 사람들이 있다. 심지어 NFT화 하지도 않은 실물 작품을 멋대로 촬영해서 NFT로 만드는 경우도 있다. 모두 명백한 저작권 침해 범죄지만, 아직 그에 대한 인식이 부족한 실정이다. 나의 작품을 구매하려던 사람이 엉뚱한 계정에서 구매를 한다면 나에게도 손해고 내 작품의 컬렉터에게도 큰 피해가 갈 수 있다.

8. 지갑 해킹의 가능성이 있다.

블록체인의 가장 큰 장점은 보안이다. 그렇기에 블록체인 자체는 해킹될 가능성이 희박하지만 암호화폐 지갑은 그렇지 않다. 암호화폐 지갑을 관리하는 PC나 모바일 기기가 해킹당할 수 있기 때문이다. 지갑이 털리면 단순히 돈을 잃는 수준이 아니라 소중한 작품들까지 날아가게 된다. 또한 지갑은 NFT 세계에서 신분증과도 같은 역할을 하기 때문에, 지갑을 못 쓰게 되면 그 피해는 상당하다. 이는 초심자뿐만 아니라 베테랑 투자자들도 종종 당하는 일이니 만큼 언제나 조심, 또 조심해야 한다. 지갑관리 요령은 이 책의 후반부에서 자세히 알아보자.

9. 원본이 유실될 수 있다.

NFT를 구매하면 디지털 아트 원본을 전달받는 것이 아니라, 네트워크상의 특정 데이터에 대한 소유 정보가 담긴 코드를 받게 된다. 만약 원본 데이터가 유실되면 아무 의미 없는 데이터일 뿐이다. 이러한 위험을 대비하기 위해 오픈씨Opensea나 파운데이션, 슈퍼레어SuperRare와 같은 대표적인 NFT 마켓플레이스Marketplace는 원본 데이터를 IPFS(분산형 파일 시스템) 분산 저장 방식으로 저장하기 때문에 마켓의 서버에 문제가 생겨도 원본은 유실되지 않는다. 다만, 아직 중앙집중식 서버를 활용한 마켓들이 많이 있으니 주의해서 살펴볼 필요가 있다.

10. 각종 규제나 세금 정책이 정리되지 않았다.

우리나라뿐 아니라 전 세계적으로 NFT와 관련된 정책과 규정이 미흡한 실정이다. NFT 산업 자체가 아직 제대로 자리 잡지 않았고, NFT에 대한 이해도나 전망도 모두 다르기 때문이다. 향후 세금이나 각 국가별로 규

제가 어떻게 정리되는지에 따라 시장도 큰 영향을 받을 것이 분명하다.

위 내용 중에서 1, 2, 3번은 작가 커뮤니티 활동을 통해 많은 부분 해소가 된다. 4, 5, 6번은 정답이 있는 문제가 아니니 작가 본인의 관점에 따라 선택해야 할 것이다. 7, 8, 9번은 언제든 생길 수 있는 위험이니 미리 잘 알고 준비해야 한다. 10번은 지속적인 관심을 갖고 지켜볼 문제이다.

NFT 아트 제대로 시작하는 법

본격적인 이야기에 앞서 내가 리스크부터 이야기하는 이유는, 최근에 금전적인 이득이나 장밋빛 미래만 이야기하며 당장 NFT를 시작하라고 말하는 콘텐츠들이 너무 많기 때문이다.

사실, 작품을 NFT 사이트에 올리는 것 자체는 어렵지 않다. 조금만 공부하면 누구나 쉽게 따라할 수 있다. 하지만 누구나 유튜브에 영상을 올릴 수 있다고 해서 아무나 유튜버라고 부르지 않듯이, NFT 아트도 마찬가지다. NFT 아트 시장에서 꾸준히 인정받고 의미 있는 성과를 내기 위해서는 치열한 노력이 필요하고, 수많은 장애물을 넘어야만 한다.

나 역시 첫 작품이 팔리기까지 두 달이 가까운 시간이 걸렸고 그동안 정말 많은 시행착오와 좌절을 겪었다. 사실 지금도 쉽지는 않다. 트렌드는 너무도 빠르게 지나가니 공부를 멈출 수 없다. 작품의 제작부터 홍보와 마케팅, 고객관리까지 모두 직접 해야 한다는 것도 굉장한 부담이다.

하지만 그 열매는 무척 달다. 디지털 작품으로 돈을 벌 수 있다는 점을 넘어서, 아티스트로서 완전히 새로운 차원으로 진입했다는 느낌을 받을

수 있다. 또한 전에 없던 수많은 동료와 팬들이 생겼다. 잠자리에 누우면 아이디어들이 샘솟는다. 이 느낌을 더 많은 창작자들이 느낄 수 있었으면 좋겠다. 단, 무작정 뛰어들어서 시행착오를 겪으며 시간을 버리기보다는 이 책과 함께 '제대로' 시작해 보았으면 좋겠다.

NFT 아트를 '제대로' 시작하기 위해서는 아래 4가지를 순서대로 준비해야 한다.

1. 기초 지식 쌓기
2. 작품 준비하기
3. 커뮤니티 형성하기
4. NFT 만들고 홍보하기

자, 이제 시작해 보자!

2장

실전! 이제 나도 NFT 아티스트!

NFT 기초 지식 쌓기

NFT 아트에 대한 기초 지식이 꼭 필요한 이유

실전! 이라고 해놓고 기초 지식 이야기를 하니 실망한 독자도 있을 것 같다. 하지만 지루하더라도 이 단계를 꼭 밟고 넘어갔으면 한다. 내가 특별히 기초 지식을 강조하는 이유는 두 가지다.

첫 번째 이유는 '빠른 변화 속에서 기회를 놓치지 않기 위해서'다. NFT를 비롯해서 블록체인 기술은 정말 빠르게 발전하고 트렌드도 빠르게 변한다. 작가들 사이에서도 NFT 아트를 시작하니 시간이 10배는 빠르게 흐르는 것 같다는 이야기를 종종 나누곤 한다. 기본적인 용어나 개념, 문화에 대한 이해가 부족한 입문자라면 정말 정신이 하나도 없다. 마치 다들 외계어를 하는 것 같은 기분이 들기도 할 것이다. 하지만 그 사이사이 숨어 있는 좋은 기회들을 발견해야 한다. 그러한 기회들을 아쉽게 놓치는 일이 없기 위해서는 미리미리 기초 지식을 쌓아두는 것이 중요하다.

두 번째 이유는 '사기와 해킹의 피해를 방지하기 위해서'다. NFT 시장에는 정말 멋진 아티스트와 혁신적인 개발자, 흥미진진한 프로젝트들이 가득하지만, 시장이 커지고 돈이 몰리다 보니 각종 사기와 해킹 범죄가 적지 않게 일어난다. 탈중앙화가 블록체인 기술의 매력이기도 하지만, 제도권의 보호를 받기 어렵다는 위험도 공존한다. 특히 사기나 해킹의 피해는 입문자에게 많이 발생하는데, 기초적인 지식만 있었어도 절대 당하지 않았을 안타까운 사연들이 많다. 조급한 마음으로 서두르기보다는, 기초지식을 탄탄히 다지고 제대로 시작해 보자.

NFT의 기본 개념 – 디지털 기념주화

NFT는 메타버스 시대의 등기권리증이라고 불린다. 이론상으로는 타당한 비유이기는 하지만 직관적으로 이해하기에는 '기념주화'의 비유가 더 좋다고 생각한다. NFT를 '디지털 기념주화'라고 생각해 보면 어떨까?

1971년 3월에 발행된 우리나라 최초의 기념주화 〈대한민국 반만년역사 기념주화〉는 금화 6개 은화 6개 세트로 구성되어 있으며, 액면가는 총 65,600원이다. 하지만 이 기념주화는 2016년 3월에 '화동옥션'에서 무려 4,100만 원에 낙찰되었다. 45년간 625배가 오른 것이다. 기념주화가 일반주화와는 달리 이렇게 높은 금액을 인정받을 수 있는 이유는 뭘까?

일단 한국 최초의 기념주화라는 '상징성'이 있을 것이다. 또한 당시의 시대상을 반영해 공들여 제작했기에 '디자인'도 특별하다. 기념주화도 법정화폐이므로 '위·변조가 불가능'하도록 법적으로 보호되며, 매우 소량

도표 2-1 • **대한민국 반만년역사 기념주화**

출처: 한국은행

도표 2-2 • **NFT의 특징**

만 발행되기 때문에 '희소가치'도 있다. 정리하면, 특별한 고유가치가 있는 주화가 희소성을 갖추니, 수집하려는 사람들이 생기며 가격이 상승하고 투자자산의 역할까지 생기게 된 것이다.

이 특징은 NFT에도 똑같이 적용된다. 다른 점이 있다면, 그 형태가 둥글납작한 금속덩어리가 아닌 '디지털 데이터'라는 점이다. 디지털 사진, 그림, 애니메이션, 3D모델링 파일, 음악, 게임 아이템, 가상 부동산 등

그 무엇이든 NFT가 될 수 있다. 물론 마켓플레이스마다 크기와 포맷 규정이 있기는 하지만, 그 활용 범위는 점점 커져가는 추세다.

예를 들어 5억 5,000만 원에 팔렸다는 '냥캣Nyan Cat'은 고양이 모양 디지털 기념주화라고 할 수 있다.

도표 2-3 • Nyang cat

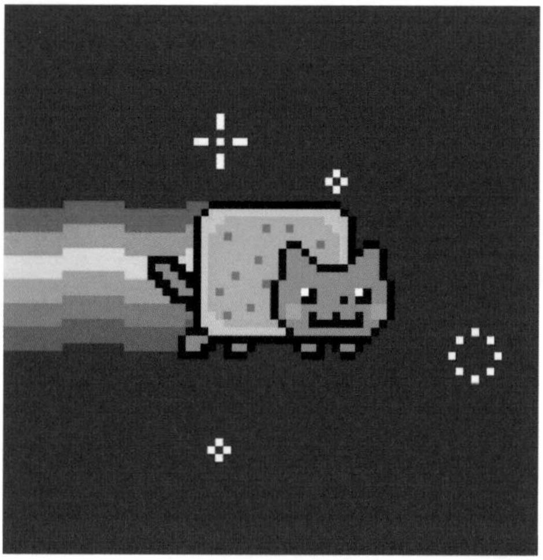

출처: 파운데이션

냥캣은 지난 10여 년간 세계적으로 엄청난 사랑을 받은, 손꼽히는 인터넷 밈(문화유전자)이다. 이 이미지의 원작자가 그 원본 파일을 NFT로 발행한 것이다. 고유 가치(귀엽고 인기 있는 고양이 캐릭터)와 희소성(1X1 NFT 발행)을 모두 갖추었으니 '디지털 기념주화'의 조건을 완벽히 갖추었다. 수집가들이 몰리니 자연스럽게 가격도 치솟았고, 한화 약 5억 5,000만 원에 낙찰되었다. 냥캣의 가치를 인정하지 않는 사람이라면 터무니없이 비싼 가격이라고 생각할 수 있겠지만, 전 세계적으로 열광적인 사랑을 받았던 기념주화라고 생각해 보면 어느 정도 수긍할 만한 가격이지 않은가?

하지만 똑같은 이미지가 인터넷에 수두룩한데 어째서 이 NFT 이미지

만 가치가 있는지 의문이 들 수 있다. 'NFT 냥캣'의 다른 점은, 클릭 한번으로 그 원본의 진위 여부를 확인할 수 있다는 점이다. 더 나아가 그 파일의 원작자가 누구이며 언제 얼마에 팔렸고 현재 소유자는 누구인지도 확인할 수 있다. 정밀하게 만든 위조지폐나 명품가방, 위작논란이 끊이지 않는 미술품 등에 비하면 NFT 아트는 가장 쉽고 명료하게 진품 확인이 가능한 자산이라고 볼 수 있다.

도표 2-4 • **Nyang cat의 Etherscan 화면**

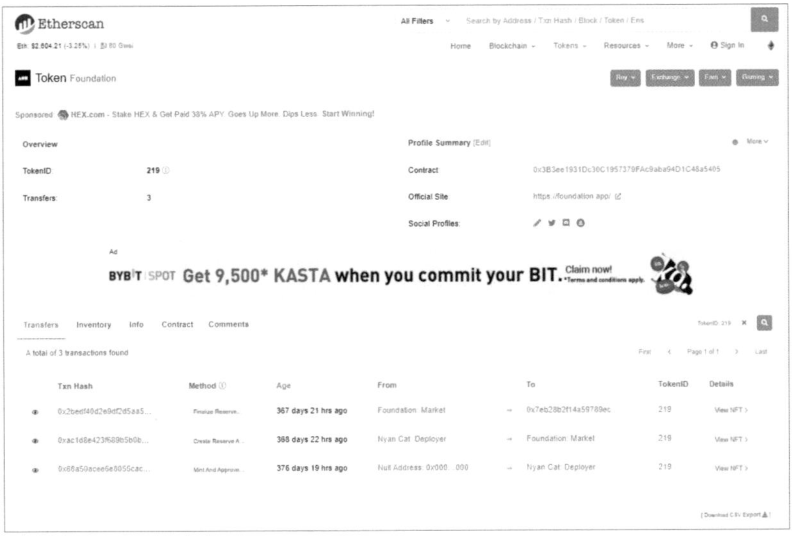

출처: 이더스캔

디지털 세상에 '소유권'이 생기다

디지털 데이터가 기념주화와 같은 속성을 갖게 되었다는 것은 단순히 수집품이나 투자자산의 장르가 하나 더 생겼다는 것을 넘어서는, 훨씬 더 중요한 의미를 내포하고 있다. 그것은 바로, 디지털 데이터에 '소유권' 개

념이 생겼다는 것이다. 이는 예술 시장은 물론 산업 전반에 정말 큰 변화를 야기할 수 있는 포인트다.

현실의 땅, 건물, 가구, 장식품, 그림 등 만질 수 있는 모든 것은 '소유권'과 '사용권'이 동시에 있다. 예를 들어 우리가 집을 사면 집의 '소유권'과 '사용권'을 모두 살 수 있다. 하지만 전세계약을 하면 그 집의 '사용권'만 획득할 수 있다. 또 전세를 끼고 집을 산다면 '사용권'이 아닌 '소유권'만 갖게 된다. 이렇게 '소유권'과 '사용권'이 함께, 또는 따로 유통되면서 현실의 경제가 돌아간다.

그런데 디지털 세상에는 지금까지 '소유권' 개념이 없었다. 디지털 데이터는 복제가 쉽고 원본 개념도 없었기 때문에 소유를 한다는 것이 사실상 큰 의미가 없기 때문이다. 하지만 NFT로 인해 디지털 세상에도 '소유권'이 생겼고, 거래할 수도 있게 되었다. 이를 통해서 디지털 세상의 경제는 좀 더 현실의 경제 시스템에 가까워지게 된 것이다.

앞에서 언급했던 냥캣만 해도, 그동안 인터넷 상에서 어마어마한 사랑을 받았지만 원작자는 그에 대한 아무런 보상을 받지 못했다. '소유권' 개념이 없었던 디지털 세상에서 벌어진 일이었기 때문이다. 하지만 NFT로 발행을 하니 드디어 5억 5,000만 원 상당의 '소유가치'를 인정받게 되었다. 그동안 가치를 제대로 인정받지 못했던 디지털 콘텐츠가 냥캣뿐일까? 이제 수많은 디지털 콘텐츠들이 NFT를 통해 새롭게 스스로의 가치를 재정의 내리기 시작했다. 이 흐름은 점점 더 확산되어 아트뿐만 아니라 게임, 금융, 유통 등 사회 전반에서 그 활용 범위가 빠르게 확대되고 있다(다양한 활용 예시는 책의 후반부에서 자세히 알아보자).

특히 메타버스 시대가 온다면, NFT는 가상 세계 경제의 근간이 될 것이다. 메타버스 공간 속의 땅, 건물, 가구들은 모두 디지털 데이터일 뿐

이지만, 그것이 모두 NFT로 제작되면 현실의 땅, 건물, 가구처럼 소유권이 거래되며 가상 세계의 경제가 순환될 수 있을 것이기 때문이다. 이는 디지털 아티스트들에게 큰 기회가 될 수 있다. 지금까지 아티스트가 만들어온 것은 하나의 '콘텐츠'일 뿐이었지만, 메타버스 속에서는 경제적 교환가치를 지닌 '세상' 그 자체를 만들 수 있을 테니 말이다.

NFT 핵심용어 총정리

개인적으로 NFT 아트를 시작하며 가장 힘들었던 부분 중 하나가, 모르는 용어가 너무 많다는 것이었다. 그래서 NFT 작가라면 알고 있어야 할 용어들을 정리해 보았다. 짧고 이해하기 쉽게 서술하다 보니 부족한 점이 많지만, 이 정도는 알고 넘어가는 게 좋을 듯하다. 일단 쭉 훑어보는 정도로 넘어가고, 추후에 헷갈리는 단어가 나왔을 때 열람하여 활용해 보자.

블록체인Blockchain, 탈중앙화Decentralized

블록체인은 일종의 디지털 장부다. 그냥 장부가 아니라, 한 장 한 장이 블록화되고 암호화되고 체인처럼 연결되어 네트워크상에 분산 저장된 장부다. 같은 장부를 모두가 나누어 갖고 있기 때문에, 중앙의 보증이나 통제 없이도 신뢰가 보장되는 특성이 있다. 이 특성을 '탈중앙화'라고 한다. 앞으로 DAO, DApp, DeFi, DEX 등 블록체인 관련해서 D로 시작하는 단어가 보인다면 해당 이니셜은 'Decentralized'라는 뜻이라고 이해하면 된다.

가상화폐, 암호화폐Cryptocurrency, 디지털 자산Digital asset

블록체인의 탈중앙화 속성을 활용하여 화폐를 만들면 중앙은행이 필요 없어진다. 그렇게 만들어진 화폐를 가상화폐 또는 암호화폐라고 부른다. 일부에서는 디지털 자산이라는 표현도 쓴다. 이 중에서 가장 많이 쓰이는 용어는 암호화폐이고, 그래서 이쪽 시장에서는 크립토Crypto라는 단어를 흔히 볼 수 있다.

비트코인Bitcoin, BTC

비트코인은 '사토시 나카모토Satoshi Nakamoto'라는 베일에 싸인 인물에 의해 발표된 최초의 암호화폐로 2009년 1월에 처음으로 발행되었다. 2008년 미국 발 금융위기 이후, 기존 화폐를 대체하기 위해 만들어진 만큼 비트코인은 화폐의 고유 기능에 충실한 코인이다.

이더리움Ethereum, 스마트 컨트랙트Smart contract

2015년, 비트코인을 연구하던 러시아 출신 개발자 '비탈릭 부테린Vitalik Buterin'은 거래기록뿐만 아니라 복잡한 계약까지 가능하게 하는 새로운 블록체인 플랫폼, '이더리움'을 개발한다. 이더리움에는 특정 계약조건을 블록체인에 코딩해 놓고 조건이 만족되면 자동으로 계약이 진행되도록 하는 기능이 있는데, 이것을 '스마트 컨트랙트' 라고 부른다.

'스마트 컨트랙트' 덕분에 '이더리움'은 마치 윈도우나 안드로이드처럼 여러 애플리케이션을 구동시킬 수 있는 운영체제와 같은 역할을 한다.

메인넷Mainnet, 댑/디앱DApp

이더리움처럼, 독립적인 생태계를 가진 블록체인 플랫폼을 '메인넷'이라고 한다. 또한 그 메인넷 위에서 구동되는 탈중앙화된 애플리케이션을 '댑', 또는 '디앱DApp'이라고 부른다.

코인Coin, 토큰Token

메인넷 상에서 가치를 교환하기 위해 기축통화로 쓰이는 암호화폐를 '코인'이라고 한다. 참고로 이더리움 메인넷에서 쓰이는 코인을 '이더ETH'라고 부른다. 따라서 엄밀히 말하면 '이더리움'과 '이더'는 다른 개념이지만 실제로는 둘 다 이더리움이라고 부르는 경우가 많다. 메인넷 위에 구축된 개별 디앱도 그 내부에서 가치를 주고받기 위한 별도의 암호화폐가 필요한데, 이것은 '토큰'이라고 부른다.

비유하자면, '한국'은 '원화'를 쓰지만, '결혼식장'에서는 피로연장에 들어갈 때 현찰이 아니라 '식권'을 낸다. 여기서 '한국'이 '이더리움', '원화'가 '이더', '식권'을 '토큰' 이라고 생각하면 된다.

NFTNon fungible token(대체불가토큰), NFT 아트

일반적인 경우라면, 내가 받은 식권 한 장과 친구가 받은 식권은 서로 바꿔도 밥 먹는 데 아무 문제가 없다. 마찬가지로 보통의 일반적인 토큰은 서로 대체가 가능하다. 그런데 만약 모든 식권이 메뉴가 다르다면 어떨까? 가령 한우 안심스테이크 식권이 오직 한 장뿐이라면 많은 사람들

이 이 식권을 갖고 싶어 경쟁을 해서 특별히 가격이 비싸질 수 있을 것이다. 하지만 고기를 별로 좋아하지 않는 사람에게는 아무 가치가 없기도 하다. 이렇게 토큰은 토큰인데 다른 것과 대체가 불가능한 토큰을 Non fungible token, 즉 'NFT'라고 부른다. 이 대체 불가능한 토큰에 특정 디지털 아트의 거래내역과 소유권 정보를 새겨 넣은 것이 우리가 거래하는 'NFT 아트'다.

트랜잭션transaction, 채굴, 채굴자, 가스비/가스피Gas fee, Gas price

블록체인 네트워크 상에서 암호화폐를 주고받거나 하는 행위의 최소 단위를 '트랜잭션'이라고 부른다. 트랜잭션이 발생하면 그 내용을 블록으로 생성해 체인에 추가해야 할 텐데, 이를 '채굴'이라고 한다. 채굴을 하는 사람을 '채굴자'라고 부르고, 채굴자에게 주는 수수료를 '가스비' 또는 '가스피'라고 부른다.

Gwei(기위)

이더리움 가스피는 'Gwei(기위)'라는 단위를 쓰는데, 이것은 기가웨이gigawei라는 뜻이다. 이더를 소숫점 18단위까지 나눈 가장 작은 단위를 wei라고 부르는데, 10억 wei를 gigawei, 즉 기위라고 부른다.

가스피 변동

네트워크 상에 트랜잭션이 너무 많아지면 채굴자들은 수수료를 많이 주

는 사람의 요청을 우선적으로 처리하게 될 것이다. 밤늦게 택시를 잡을 때와 비슷하다. 이것이 가스피가 일정하지 않고 오르락내리락하는 이유다.

이더리움2.0, 실행계층execution layer, 합의계층consensus layer

이더리움은 블록체인 활용의 새 지평을 열었지만, 최신 기술들에 비하면 속도도 느리고 가스피도 비싸다는 문제가 있다. 또한 채굴 시 전력사용량이 커서 환경오염을 일으킨다는 지탄을 받기도 한다. 이더리움은 이 문제를 극복하기 위해 업그레이드를 진행 중인데 이것을 '이더리움2.0'이라고 부른다.

하지만 이더리움2.0이라는 이름이 사기꾼들에 의해 악용되며 피해가 이어지자 2022년 1월 기존의 이름을 공식적으로 폐기하고 기존의 이더리움 체인을 '실행계층', 이더리움2.0을 '합의계층'이라 칭하기로 했다. 실행계층과 합의계층은 2022년 6월까지 합병할 계획이다.

작업증명PoW, 지분증명PoS

이더리움 실행계층(이더리움 1.0)처럼 채굴을 통해 데이터를 추가하는 방식을 '작업증명POW, Proof of Work'이라 한다. 이는 높은 가스피와 탄소배출 문제를 야기한다. 이를 개선하기 위해 합의계층(이더리움 2.0)에서는 지분율에 비례하여 의사결정 권한을 주는 합의 알고리즘인 '지분증명POS, Proof of Stake'을 채택했다. 이 방식은 속도도 빠르고 채굴과정이 필요 없어 환경문제로부터 자유로운 편이다.

폴리곤Polygon, 솔라나Solana, 테조스Tezos, 클레이튼Klaytn

이더리움 이후, 이더리움의 느린 속도와 높은 채굴비용, 환경문제 등을 개선한 새로운 체인들이 등장했는데, NFT 아티스트가 관심 가질 만한 체인은 폴리곤, 솔라나, 테조스, 클레이튼 등이 있다. 아직은 이더리움이 압도적인 포션을 차지하고 있지만 새로운 체인들도 열심히 성장 중이니 관심을 갖고 지켜볼 필요가 있다. 이 중에서도 카카오에서 개발한 클레이튼은 최근 국내 NFT 시장에서 그 쓰임이 많이 늘어나고 있다.

암호화폐 거래소, 업비트, 빗썸, 코인원, 바이낸스Binance, FTX

이더리움 네트워크에서 NFT를 제작하려면 가스피로 지불할 이더가 필요하다. 이더는 국내외 모든 암호화폐 거래소에서 매수할 수 있다. 국내 거래소로는 업비트, 빗썸, 코인원, 코빗 등이 있고 해외 거래소로는 바이낸스Binance, FTX 등이 있다.

암호화폐 지갑

거래소에서 구입한 암호화폐를 실제로 활용하기 위해서는 별도로 '암호화폐 지갑'을 만들어서 전송해야 한다. 암호화폐 지갑은 암호화폐 거래뿐만 아니라, NFT 마켓플레이스나 메타버스 등 각종 블록체인 서비스에 로그인을 할 때 통합 아이디처럼 작동한다.

핫 월렛Hot Wallet, 콜드 월렛Cold Wallet, 메타마스크MetaMask, 카이카스Kaikas, 클립Klip

암호화폐 지갑은 온라인에 연결되어 활성화되어 있는 '핫 월렛'과 보안을 위해 평상시에는 연결하지 않는 '콜드 월렛'으로 나뉜다. NFT 작업을 위해서는 핫 월렛을 쓰고 그중에서도 '메타마스크'라는 월렛을 많이 사용한다. 메타마스크는 사용이 매우 편리하고, 이더리움뿐만 아니라 다양한 메인넷을 지원하니 만큼 꼭 필요한 지갑이다. 클레이튼은 PC의 경우 카이카스, 모바일의 경우 클립 지갑을 많이 쓴다.

NFT 마켓플레이스, 오픈씨OpenSea

NFT를 사고파는 플랫폼을 NFT 마켓플레이스라고 한다. 현재 세계에서 가장 많이 쓰이는 마켓플레이스는 '오픈씨'다.

민팅Minting, 리스팅Listing

NFT를 만드는 작업을 '민팅'이라 하고, 민팅된 작품을 마켓에 구매가능 상태로 등록하는 것을 '리스팅'이라고 한다.

드롭Drop, 제네시스 드롭Genesis Drop, 에어 드롭Air Drop

NFT나 코인을 세상에 선보이는 것을 드롭이라고 표현하는데, 최초의 드롭을 '제네시스 드롭'이라고 하며, 이벤트 목적으로 무료 증정하는 것을 '에어 드롭'이라 한다.

컬렉터블 NFT(Collectable NFT), PFP, 제너레이티브 아트(Generative Art)

NFT 중에서도 스포츠 카드처럼 수집이 목적인 NFT를 '컬렉터블 NFT'라고 한다. 이 중에서도 SNS 프로필 사진으로 활용하기 좋은 NFT 프로젝트를 프로파일 픽처스(Profile Pictures), 즉 'PFP' 프로젝트라고 한다. PFP는 여러 디자인 요소들을 알고리즘을 통해 무작위로 배치하여 다양한 결과물을 만들어내는 방식으로 제작하는 경우가 많은데, 이런 방식을 '제너레이티브 아트'라고 부른다.

크립토 펑크(Clypto Punks), 보어드 에이프 요트클럽(BAYC, Bored Ape Yacht Club)

가장 유명한 제너레이티브 PFP는 크립토 펑크다. 최근에는 BAYC가 가장 핫하다.

토크노믹스(Tokenomics)

암호화폐로 이루어진 경제 생태계를 말한다.

DAO(Decentralized autonomous organization)(탈중앙화 자율 조직)

블록체인을 통해 중앙집권적 주체 없이 특정 규칙이나 참여자들의 투표에 의해 운영되는 조직으로, 최근에 NFT를 기반으로 형성된 DAO들이 많이 등장하고 있다.

P2E Play to Earn

게임을 즐기면서 돈도 버는 것을 말하며 최근 NFT 게임 관련 뉴스에서 많이 볼 수 있다.

ICO Initial Coin Offering, 백서 White paper

주식공개를 뜻하는 IPO와 비슷한 개념으로 코인을 대중에게 공개하여 투자를 받기 시작하는 행위이다. 이때 이 코인의 취지와 목표, 현황, 로드맵 등을 담은 '백서'를 발간한다.

NFT 커뮤니티 은어들

- 화이트리스트·화리 white list: 코인이나 NFT를 처음 발행하는 시점에서 사전등록을 통해 할인 등의 혜택을 받는 사람들의 목록을 화이트리스트라고 하며 줄여서 '화리'라고 한다.
- OG: 올드 갱스터의 약자로 초창기 멤버, 즉 '고인물'을 뜻한다.
- 오카방: 오픈카톡방
- 디코방: 디스코드방
- 텔방: 텔레그램방

NFT 작품 준비하기

어떤 NFT 작가가 될 것인가?

작품보다 작가

작품이란 작가의 세계관으로부터 탄생한 결과물이다. 작품 하나로 일시적인 관심을 얻으려고 하기보다는, 자신의 작품 세계를 잘 정리해서 대중에게 알기 쉽게 설명할 줄 알아야 지속적이고 열광적인 지지층을 만들 수 있다. 이것은 작품을 사는 사람 입장에서 생각해 봐도 당연한 이치다. 누구든 자신의 소중한 돈을 미래가치에 투자하고 싶을 테니 말이다. 투자자들은 미래에 그 가치가 상승할 작품, 더 유명해질 작가를 찾기 위해 부단히 노력한다. 작가의 기존 작품들도 보고 SNS나 홈페이지도 꼼꼼하게 살필 것이다. 그런 만큼 작가들 역시 자신의 가치를 충분히 어필하기 위한 준비가 필요하다.

이전 행보와의 연결성 문제

그런데 이러한 고민을 실제로 하다 보면 한 가지 갈림길에 서게 된다. 이전 경력을 공개할 것인가 말 것인가에 대한 문제이다. 다른 작가들의 사례를 보면, 지금까지 해오던 작품 활동의 맥락을 그대로 이어가는 작가도 있고, 어느 정도는 이어가되 NFT 아트에 맞게 큰 변신을 도모하는 작가도 있다. 혹은 아예 기존의 활동을 모두 감추고 완전히 새로운 페르소나로 활동하는 작가도 있다. 이는 정답이 없는 문제라, 자신에게 맞는 방법을 찾아야 한다.

참고로, NFT 아트 시장은 시작부터 글로벌이고 새로운 영역이기 때문에 신진 아티스트라고 해서 딱히 불리하지 않은 시장이다. 오히려 국내에서 어느 정도 인지도가 있는 작가도 이곳에서는 신인의 마음으로 가볍게 시작하는 것이 더 좋을 수 있다고 생각한다.

나의 경우, 초반에는 지금까지 해오던 맥락을 거의 그대로 이어오는 작품을 했다. 그래서 SNS 계정도 그대로 유지했다. 하지만 보다 자유분방한 작품을 하고 싶어서 새로운 이름으로 개인적인 프로젝트를 진행하기도 했다. 지갑과 SNS도 새로 만들었고, 그 새로운 이름은 주변 사람들에게도 알리지 않았다. 완전히 다른 아티스트로 설정하고 싶었기 때문이다. 현재는 또 다른 새로운 프로젝트를 구상 중인데, 기존 계정들과 분리된 독립적인 활동이 필요하여 별도의 SNS 계정을 만들 생각이다. 하지만 이를 숨기기보다는 주변에 널리 알려서 홍보를 하려고 한다.

이렇듯 자신의 프로젝트 방향성에 맞게 자유롭게 정리해 보자. 기존에 쌓아놓은 것들이 많고 그것이 NFT 활동에 유리할 것이라고 판단되면 그대로 이어가는 것도 좋다. 이번 기회에 전혀 다른 캐릭터로 새로 시작

해 보는 것도 나쁘지 않다. 기존 아이덴티티는 어느 정도 유지하되 기존 SNS와는 분리하고 싶다면 '기존 아이디_nft' 와 같은 형식으로 사용하는 작가들도 많이 있다. 당장 결론이 나지 않는다면 다른 작가들의 행보를 참고해 보는 것도 훌륭한 방법이다.

다른 작가들의 작품 활동을 참고하자

지금 유행하는 NFT는? 쇼타임showtime.io

쇼타임은 NFT 아트 쇼케이스showcase 플랫폼이자 SNS이면서 마켓플레이스이기도 하다. 다른 기능들보다는, 여러 마켓에서 주목받고 있는 작품들을 한눈에 볼 수 있어서 내가 즐겨 찾는 사이트이다. 가입을 하지 않아도 충분히 유용하게 활용할 수 있지만, 가입하면 내가 선호하는 작가나 좋아하는 작품 위주로 구성된 홈 피드를 생성할 수 있어서 좋다. 마음에 드는 작품에 댓글을 남길 수도 있다.

도표 2-5 • 쇼타임 메인 화면

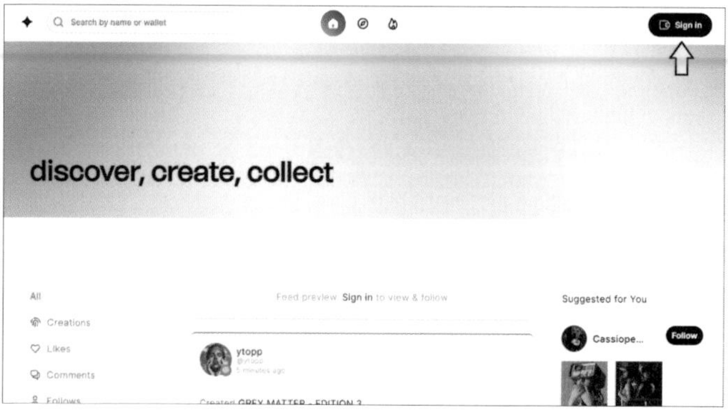

쇼타임 바로가기

출처: 쇼타임

❶ 우측 상단에 있는 Sign in 버튼을 누르면 이메일 주소를 적는 창이 뜬다. 이곳에 나의 이메일 주소를 적고 'Sign in with Email' 버튼을 누르자. 참고로 가입은 이메일과 암호화폐 지갑 중에서 선택할 수 있는데, 일단 이메일로 가입하자. 이메일로 가입하면 지갑 없이도 어디서든 로그인할 수 있어서 편하다. 혹시 이미 기존 지갑으로 먼저 가입하여 활동을 시작했다면, 이메일로 다시 가입한 뒤에 '지갑 추가'를 통해 프로필을 합칠 수 있다.

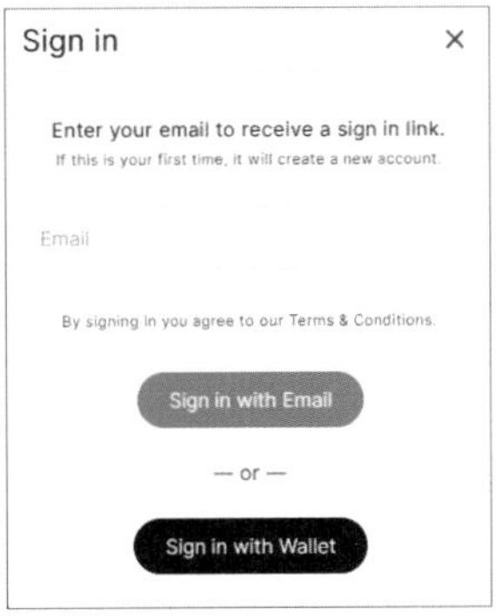

❷ 이메일을 확인하라는 팝업창이 뜨는데, 창을 닫지 말고 브라우저의 다른 탭을 열어서 해당 메일함에 접속해 보자. 쇼타임으로부터 메일이 와 있을 것이다.

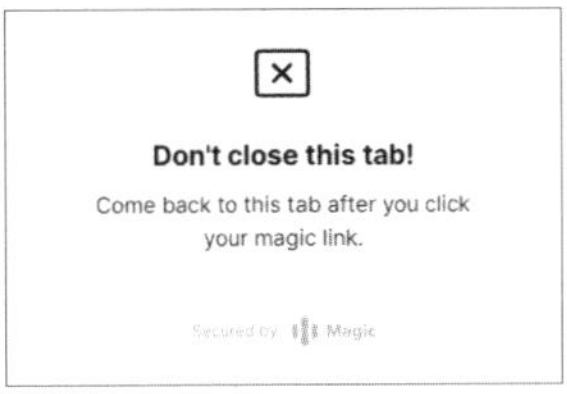

❸ 여기서 'Log in to Showtime' 버튼을 클릭하고 다시 Showtime 로그인 페이지로 돌아가면 로그인이 되어 있을 것이다.

❹ 우측 상단에 나의 프로필 아이콘을 누르면 팝업창이 뜬다. 'Your Profile' 메뉴에서

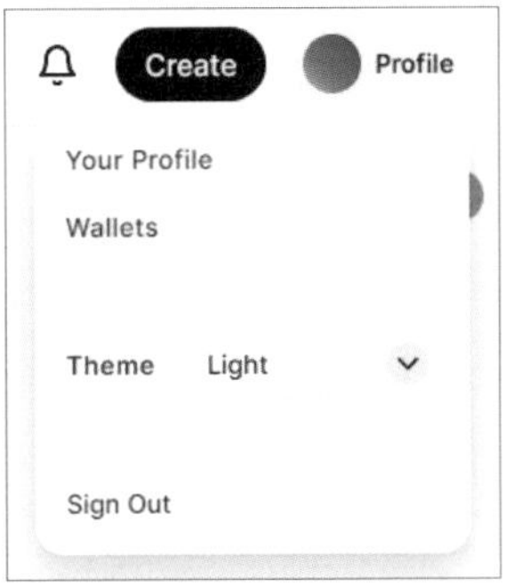

는 나의 개인 페이지를 볼 수 있고 'Wallets' 메뉴에서는 암호화폐 지갑을 추가할 수 있다. 추후에 작품 활동을 시작하게 되면 나의 지갑들을 연결하고 프로필을 꾸며서 작품을 홍보하는 쇼케이스 페이지로 활용할 수 있다.

• 쇼타임 활용하기 •

메인 화면 중앙 상단에 3개의 아이콘이 있는데, 좌측부터 Home, Discover, Trending 순서대로 보여진다.

내가 '팔로우'를 하거나 '좋아요'를 누른 작가의 작품들을 최근 미리 팔로우 해두었다면 'Home'의 피드만 봐도 좋다.

'Discover'는 쇼타임 사이트에서 자체 기준으로 선정한 컬렉션을 보여준다. 참고로 쇼타임은 자체적으로 NFT를 만들고 판매할 수 있는 플랫폼 역할도 하는데, 이 'Discover' 메뉴에 나오는 콘텐츠들은 쇼타임 마켓에 올라온 작품들이 기본값으로 보인다. 다른 마켓의 작품도 함께 보고 싶다면 중간에 보이는 팝업메뉴에서 'All leading collections'를 선택하자.

'Trending' 탭을 누르면 최근 가장 핫한 작품들을 모아 볼 수 있다. 좌측 상단의 '기간' 탭을 변경하면 일정 기간을 설정할 수도 있다. 우측에는 크리에이터 순위가 보인다.

작품 썸네일에서 상단의 Created by는 창작자, 하단의 Owned by는 소유자이다. 창작자와 소유자가 다르다면 팔린 작품일 확률이 높다. 창작자 옆에는 Follow 버튼이 있는데, 이 버튼을 클릭해 놓으면 나중에 'Home'

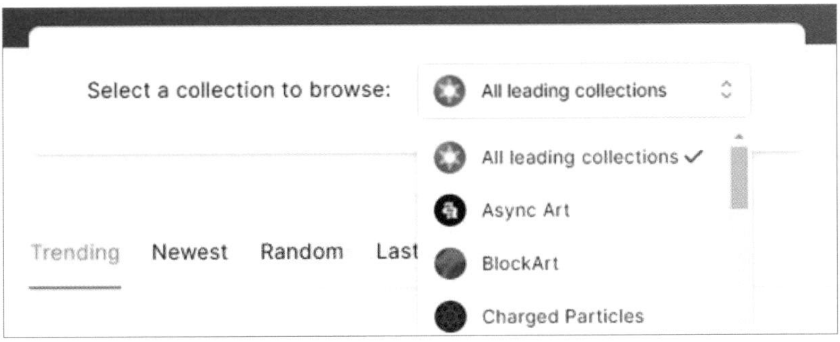

탭에서 해당 작가의 작품만 따로 모아서 볼 수 있다.

작품 제목 아래에는 '좋아요'와 '댓글' 아이콘이 있다. '좋아요'를 누르면 내 프로필 페이지 'Liked' 탭에서 모아 볼 수 있어 편리하다. 또한 친해지고 싶은 작가에게 관심을 표현하는 방법이기도 하다.

작품의 썸네일을 클릭하면 작품의 상세 페이지로 들어갈 수 있다.

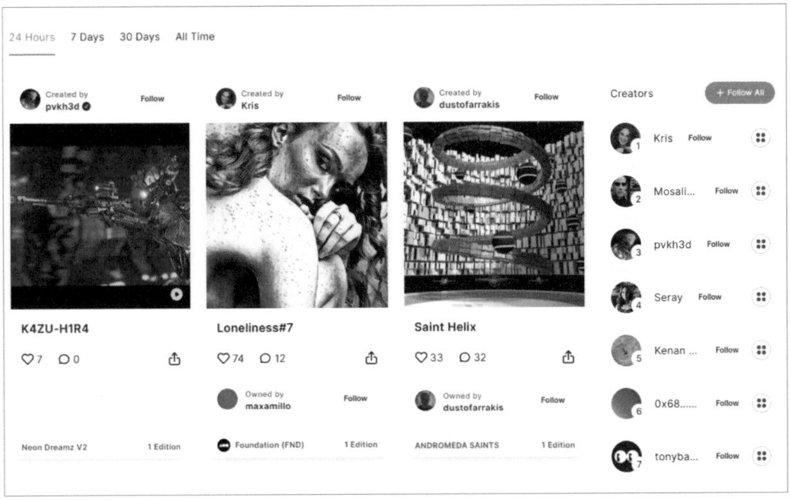

작품명이나 이미지를 누르면 작품의 상세정보를 확인할 수 있다. 상세 페이지에서는 작품을 전체 화면으로 볼 수 있고 댓글을 남길 수도 있다. 댓글을 통해 관심 있는 작가들과 좋은 관계를 만들어가는 노력도 필요하다. 작품명 아래에는 해당 작품이 올라가 있는 실제 마켓플레이스로 가는 링크도 확인할 수 있다.

크리에이터 아이디를 누르면 해당 작가의 쇼타임 프로필 페이지로 연결된다. 작가의 쇼타임 프로필 페이지에는 해당 작가가 만들었거나 소유하고 있는 작품, 좋아요를 누른 작품들까지 플랫폼과 상관없이 한눈에 볼 수 있다. 작가에 대한 설명과 각종 SNS 링크 또한 쉽게 확인할 수 있다.

판매된 작품이라면 컬렉터의 페이지를 방문해 보는 것도 좋다. 내 작품과 결이 맞는 작품을 컬렉팅 했다면, 추후 내 작품에도 관심을 보일 수 있을 것이다. 해당 컬렉터가 주로 활동하는 마켓플레이스를 확인해 보고, 연결된 SNS도 팔로우 해놓자. 컬렉터는 쇼타임 프로필이 없는 경우가 많지만, 링크를 타고 마켓플레이스로 넘어가서 확인해 보면 대부분 트위터 계정을 찾을 수 있다.

세계적으로 유명한 작가들은? 크립토아트cryptoart.io

크립토아트는 주요 NFT 아트 마켓플레이스의 판매 데이터를 바탕으로 한 흥미로운 자료들이 보기 좋게 정리되어 있는 사이트다(참고로 아트 NFT 외에도 다양한 장르의 NFT가 모두 올라오는 오픈씨와 같은 오픈마켓의 데이터는 포함되어 있지 않다).

좌측 상단에 주요 메뉴들이 있는데, 첫 번째 'ARTWORKS' 메뉴에서는 지금까지 팔린 NFT 작품들을 가격 순서로 볼 수 있다. 가격이 비싼 작품

도표 2-6 • **크립토아트 메인 화면**

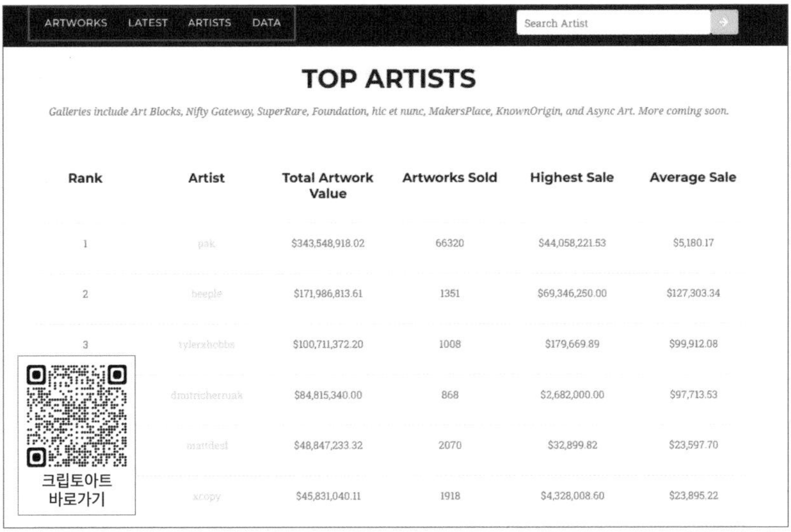

Rank	Artist	Total Artwork Value	Artworks Sold	Highest Sale	Average Sale
1	pak	$343,548,918.02	66320	$44,058,221.53	$5,180.17
2	beeple	$171,986,813.61	1351	$69,346,250.00	$127,303.34
3	tylerxhobbs	$100,711,372.20	1008	$179,669.89	$99,912.08
	dmitricherniak	$84,815,340.00	868	$2,682,000.00	$97,713.53
	mattdesl	$48,847,233.32	2070	$32,899.82	$23,597.70
	xcopy	$45,831,040.11	1918	$4,328,008.60	$23,895.22

출처: 크립토아트

들은 잘 알아보면 나름의 이유가 있기 마련이다. 작품의 상세페이지를 가보거나 구글링을 통해서 그 이유를 알아보면 이 시장에 대해 많은 공부가 된다.

두 번째 'LATEST' 메뉴에서는 최근에 팔린 작품들의 목록이 보인다. 일정 금액 이상의 작품만 보고 싶다면 가격 필터를 추가하는 것도 가능하다.

세 번째 'ARTIST' 메뉴에서는 작가들의 총 판매액 순위를 볼 수 있다. 작가를 클릭하면 작가의 모든 작품을 볼 수 있는데, 작품 이미지를 클릭하면 역시 해당 마켓플레이스로 갈 수 있는 링크가 있고, 이를 통해서 해당 작가에 대한 보다 많은 정보에 접근할 수 있다. SNS 링크로 찾아 들어가 현재 작품 활동 소식을 확인해 보는 것도 좋다. 당장 순위에서 찾기는 어렵지만 관심 있는 작가가 있다면 검색창에서 검색을 해보자. 해당 작가의 판매 데이터와 작품들을 한눈에 볼 수 있다.

마지막 'DATA' 메뉴는 NFT 마켓 쉐어 데이터 등 다양한 그래프를 확인할 수 있다.

지금은 어떤 작품들이 팔리고 있지? 크립토아트 펄스Crypto Art PULSE

크립토아트 펄스는 지금 당장 팔리고 있는 작품들을 확인할 수 있다. 크립토아트와는 달리 오픈씨의 데이터까지 보여준다. 'Live sales' 탭에서는 가장 최근 팔린 작품을 순서대로 볼 수 있다. 작품 이미지를 클릭하면 작품이 크게 보이고, 아트워크의 제목을 누르면 해당 마켓플레이스에서 작품을 확인할 수 있다. 판매가 여러 번 된 작품은 가격의 상승률도 볼 수 있다. 컬렉터의 링크가 활성화되어 있다면 구매자의 프로필도 확인할 수 있다.

'Top sales' 탭은 최근 24시간 동안 팔린 작품들을 비싼 순서대로 보여준다. 우측 상단의 기간을 변경하면 일주일, 한 달, 일 년 단위로도 확인할 수 있다.

'First sales' 탭에서는 2차 판매가 아닌 첫 판매만 따로 모아서 보인다.

도표 2-7 • 크립토아트펄스 메인 화면

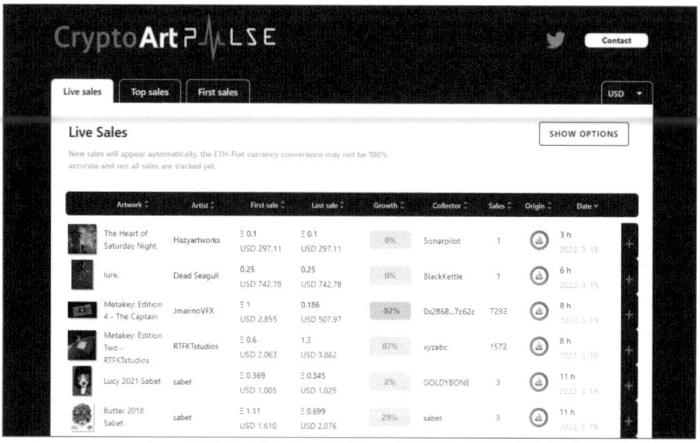

크립토아트펄스 바로가기

출처: 크립토아트 펄스

다른 작가들은 어떻게 살고 있을까? 트위터Twitter.com

도표 2-8 • **필자의 트위터 프로필 메인 화면**

출처: 트위터

NFT 작가들의 모든 소통과 홍보의 중심은 트위터다. 많은 작가들은 트위터를 메인 SNS로 활용하며 자신의 작품을 알리고 다른 작가, 대중과 교류하는 창구로 사용한다. 열심히 활동하는 한국 NFT 작가들을 많이 팔로우 해두면 나의 작품을 준비하는 데도 큰 도움이 된다.

한국 NFT 아티스트들을 찾는 가장 쉬운 방법은 내가 만들어 놓은 한국 NFT 작가 리스트를 팔로우 하는 것이다. 트위터에서 'DonsinGungye'를 검색한 다음 프로필의 점 3개를 눌러 추가메뉴를 보면 '리스트 보기'가 있을 것이다. 클릭해 보면 'Korean NFT Artists'라는 리스트를 확인할 수 있다.

해당 리스트에는 내가 알고 있는 한국의 NFT 아티스트들을 등록해 두었다. 앞으로도 계속 업데이트할 예정이니 이 리스트만 팔로우 해도 대부분의 국내 NFT 아티스트의 활동은 모두 체크할 수 있을 것이다.

도표 2-9 • **트위터 Korean NFT Artists 메인 화면**

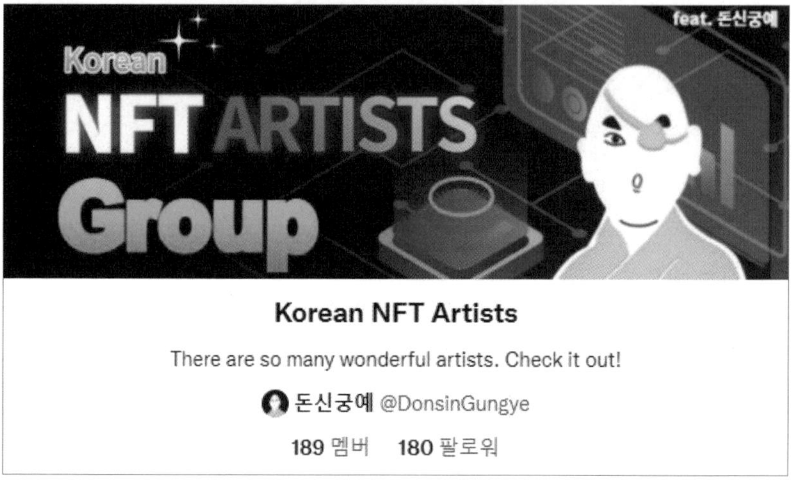

출처: 트위터

한국 NFT 아티스트 리스트를 팔로우 한 다음, 프로필 아이콘을 누르고 '나의 리스트' 메뉴로 들어가면 '내 리스트' 목록에 'Korean NFT Artists'라는 리스트가 추가된 것을 확인할 수 있을 것이다. 여기서 해당 리스트 우측의 핀 모양을 누르면 상단의 '메인리스트'로 올릴 수 있다. 메인리스트가 되면 그 이후로는 트위터 메인 페이지에서

도표 2-10 • **트위터 리스트 설정 화면**

출처: 트위터

스와이프만으로 매우 편하게 확인할 수 있게 된다.

NFT 마켓플레이스 정하기

어느 정도 콘셉트가 정리되었다면 이제 마켓플레이스를 정할 차례다. 주요 NFT 마켓플레이스는 다음과 같다.

도표 2-11 • **NFT 마켓플레이스 종류**

등록방식	이름	블록체인	주소
누구나	OpenSea	Ethereum, Polygon, Klaytn	https://opensea.io/
	Rarible	Ethereum, Tezos, Flow	https://rarible.com/
	Mintable	Ethereum	https://mintable.app/
초청	Foundation	Ethereum	https://foundation.app/
심사	SuperRare	Ethereum	https://superrare.com/
	Nifty Gateway	Ethereum	https://niftygateway.com/
	KnownOrigin	Ethereum	https://knownorigin.io/
	MakersPlace	Ethereum	https://makersplace.com/
누구나	hic et nunc	Tezos	https://www.hicetnunc.xyz/
	objkt	Tezos	https://objkt.com/
심사	Solanart	Solana	https://solanart.io/
	Klip Drops	Klaytn	https://klipdrops.com/
	UPbit NFT	Luniverse	https://upbit.com/nft

블록체인

NFT를 발행할 수 있는 블록체인은 여러 종류가 있지만, 아직 대부분의 NFT 아트는 이더리움 기반으로 발행된다. 그 말은, 대부분의 컬렉터들도 이더리움 NFT를 구매한다는 말과 같다. 따라서 입문자라면 시장이 큰

이더리움 기반으로 시작하는 것이 안전하다.

다만 국내 NFT 마켓이 성장하면서 카카오에서 개발한 클레이튼Klaytn기반의 NFT 시장도 생기고 있다. 시장 규모는 작지만 발행 과정이 쉽고 가스비도 낮으며 접근성이 높기 때문에 한 번쯤 경험해 보는 것도 나쁘지 않다. 이더리움 NFT 발행을 할 줄 알게 된다면 클레이튼은 정말 쉽게 진행할 수 있을 것이다.

폴리곤, 테조스, 솔라나, 바이낸스, 테라 등 속도가 빠르고 수수료는 거의 없으며 탄소배출도 극히 낮은 신생 블록체인들 또한 새로운 NFT 플랫폼으로 주목받고 있다. 나 역시 폴리곤, 테조스, 솔라나 체인으로 NFT를 만들어 본 경험이 있다. 특히 테조스의 경우 테조스 NFT만의 고유한 분위기가 있어서 개인적으로 좋아하는 편이다. 다만, 비 이더리움 체인은 NFT 시장 규모가 작고 정보가 상대적으로 부족하기 때문에 입문자 입장에서는 어려울 수 있다. 당장 참여하기보다는 지속적으로 체크하며 공부해 나갈 필요가 있다.

등록 방식과 수수료

NFT 마켓플레이스는 크게 누구나 자유롭게 작품을 올릴 수 있는 곳과, 초대로 가입할 수 있는 곳, 심사를 통해 가입할 수 있는 곳으로 나뉜다.

누구나 가입할 수 있는 곳은 오픈씨, 라리블Rarible, 민터블Mintable 등이 있다. 오픈씨는 처음 한번만 가스피를 내면 되고, 라리블과 민터블은 구매 시 가스피를 지불하는 옵션이 있기 때문에 창작자의 부담이 적은 편이다. 그래서 처음 시작하는 작가라면 이런 곳에서 어느 정도 경험을 쌓은 뒤에 영역을 넓혀가는 것을 추천한다.

파운데이션은 작품이 팔리면 해당 작가에게 초대권을 주는데, 이 초대권을 받아야 가입할 수 있다. 어느 정도 허들이 있는 만큼 작품의 퀄리티도 높은 편이지만 가스피나 수수료가 상대적으로 비싼 편이다.

슈퍼레어, 니프티게이트웨이, 노운오리진, 메이커스플레이스 등 까다로운 심사를 거쳐 작가를 선정하는 곳은, 선정된 것만으로도 관심을 받을 수 있기 때문에 인지도도 높고 작품 가격이 비싼 작가들이 많이 포진되어 있다. 작품에 자신이 있다면 도전해 보는 것도 나쁘지 않다. 하지만 선정이 되더라도 연락이 오기까지 꽤 오랜 시간이 걸린다는 점과, 이러한 플랫폼의 작가가 된다고 해서 무조건 판매로 이어지지는 않는다는 점도 고려해야 할 것이다.

많은 작가들이 여러 플랫폼을 그 성격에 맞게 병행해서 활용하곤 한다. 예를 들어, 오픈씨에서는 조금 가볍고 저렴한 작품을 판매하고 파운데이션이나 슈퍼레어에서는 대작 중심으로 판매하는 작가들이 있다. 아니면 플랫폼마다 조금씩 성격이 다른 컬렉션을 운영하기도 한다. 다른 작가들은 어떤 방식으로 마켓플레이스를 활용하고 있는지 많이 참고하면서 나만의 전략을 세워보자.

입문자 추천 마켓, 오픈씨

오픈씨는 전체 NFT 시장 점유율이 97%가 넘는 압도적인 시장 지배자이다. 사용자가 많은 만큼 정보도 많다. 카테고리도 굉장히 다양해서 NFT 시장의 전체적인 흐름을 파악하는 데 많은 도움이 된다.

창작자 입장에서는 첫 리스팅을 제외하고는 가스피를 내지 않아도 되기에 경제적 부담도 상대적으로 적다. 이더리움뿐만 아니라 폴리곤과 클

레이트 메인넷을 지원하기 때문에 작가 입장에서는 다양한 시도를 해보기도 좋다. 가스피가 싼 폴리곤은 선물이나 무료증정 이벤트용으로 많이 사용하고, 국내 이용자가 많은 클레이트튼은 국내시장을 노린 작품을 할 때 시도해 볼 만하다.

도표 2-12 • **오픈씨의 다양한 카테고리 화면**

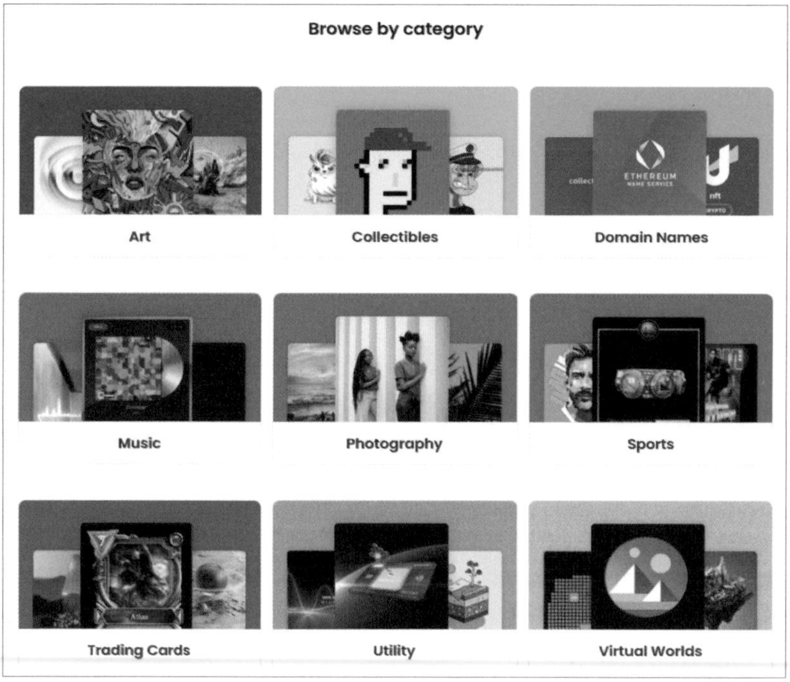

출처: 오픈씨

작가 소개자료 준비하기

트위터

작품의 방향과 마켓플레이스를 정했다면, 이제 나를 알릴 소개 자료를 준비하자. 무엇부터 준비해야 할지 모르겠다면 NFT 작가들의 메인 소통 창구인 트위터 프로필을 꾸미는 것에서 시작하면 된다.

트위터의 프로필을 꾸미기 위해서는 프로필 사진, 배너, 프로필 설명, 링크가 준비되어야 한다.

프로필 사진의 업로드 권장 사이즈는 400×400 픽셀이다. 프로필 사진은 내 브랜드를 잘 표현하는 것으로 만들어서 자주 쓰는 PC와 핸드폰 사진첩에 찾기 좋게 저장해 두자. NFT 작품 활동을 하다 보면 트위터뿐만 아니라 인스타그램, 클럽하우스, 디스코드, 오픈씨, 쇼타임 등 다양한 플랫폼에서 활동하게 될 텐데, 초반에는 가능하면 똑같은 프로필 이미지를 쓰는 것이 사람들에게 기억되기 좋을 것이다.

트위터 배너 이미지의 권장 사이즈는 1500×500 픽셀이다. 배너 역시 다른 SNS나 마켓플레이스에서도 공통적으로 활용될 수 있으니 잘 만들어 두도록 하자.

자기소개 글은 해외 컬렉터를 위해서 영문 소개를 메인으로 적는 것이 좋다. 웹사이트는 하나만 넣을 수 있기 때문에 보여주고 싶은 링크가 많다면 자기소개 글을 활용하거나 '링크트리' 같은 바이오링크 페이지를 이용해서 정리할 수 있다.

도표 2-13 • **트위터 프로필 구성 화면**

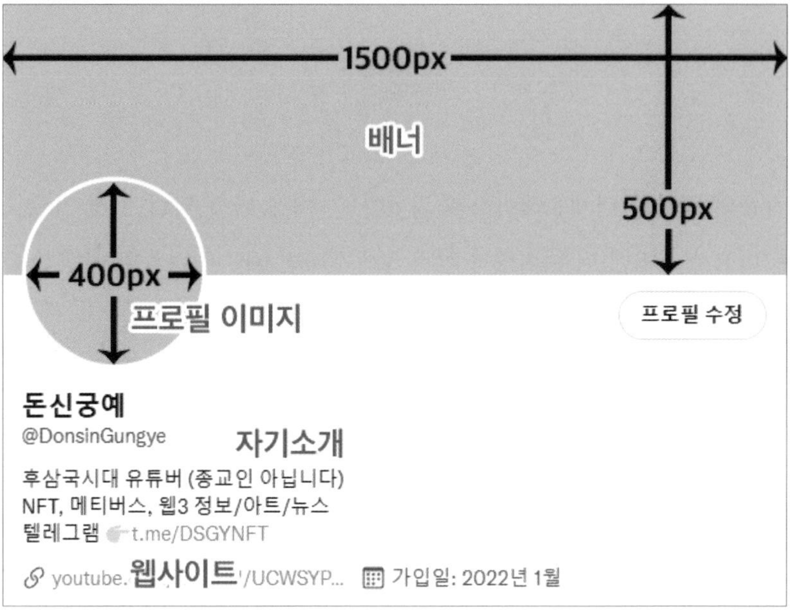

출처: 작가 제공

링크트리

보여주고 싶은 링크가 4개 이상이 된다면 프로필에 줄줄이 추가하기보다는 바이오링크 페이지를 활용하는 것이 깔끔하다. 바이오링크 페이지는 주요 링크들만 심플하게 모아진 미니 홈페이지를 말한다. 가장 많이 쓰이는 바이오링크 페이지는 링크트리[Linktree]다(https://linktr.ee/).

링크트리는 기본적인 기능만 사용해도 깔끔하고 유용한 바이오 사이트를 만들 수 있다. 월 6달러(2022년 2월 기준) 정액제의 PRO 버전을 쓰면 훨씬 다양한 디자인과 기능들을 활용할 수 있고, 접속 데이터도 확인할 수 있다(참고로 필자는 무료 버전을 쓰고 있다).

그 외에도, Shorby(https://shorby.com), Linkbio(https://lnk.

도표 2-14 • **다양한 스타일의 링크트리 화면**

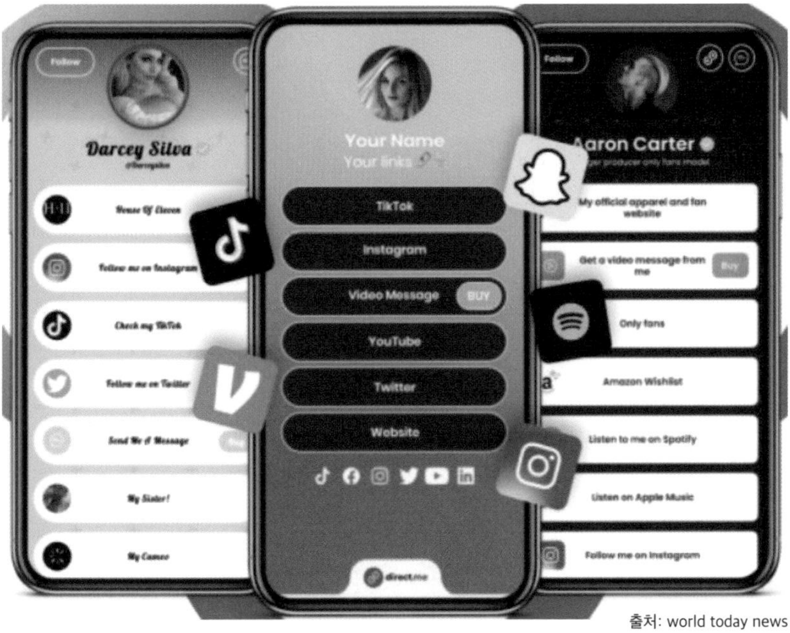

출처: world today news

bio/), Linkfire(http://linkfire.com), tapbio(https://tapbiolink.com/), biolink(http://bio.link) 등 비슷한 서비스들이 많이 나와 있는데 요금제나 디자인, 기능들이 조금씩 다르다. 링크트리가 아쉽다면, 둘러보고 나에게 맞는 서비스를 찾아보자.

포트폴리오 용 홈페이지와 SNS

누군가 내 작업에 관심이 생겼다면 나의 다른 작품들도 궁금해 하기 마련이다. 특히 해외 컬렉터들이 나의 작품 세계를 알아갈 수 있도록 홈페이지나 인스타그램 계정을 연결해 놓자. 기존에 쓰던 홈페이지나 인스타그램을 그대로 이용해도 되지만, NFT 활동을 위해 새롭게 시작하는 작가

들도 많다. NFT 활동을 위해서는 작품 위주로 업로드 해야 하고 영어로 포스팅 하는 것이 좋기 때문에 기존의 일상 계정과 구분하는 것이 관리하기 편하다.

참고로 SNS에서 NFT 키워드로 게시물을 올리기 시작하면 수많은 광고성 댓글과 디엠이 달리게 될 텐데 웬만하면 관심을 갖지 말자. 큰 효과 없는 광고가 대부분이고 경우에 따라서는 사기나 스캠의 위험도 있다. NFT 사기꾼들 피하는 법은 뒷부분에서 자세히 다루도록 하겠다.

세계관 설명 문서

필요하다면 작품 세계관을 자세히 설명하는 텍스트 문서를 만드는 것도 좋다. 컬렉터들 중에는 보다 자세한 작품 설명을 궁금해 하는 경우가 있기 때문이다. 기존 홈페이지가 있다면 작가 자신을 소개하고 세계관을 설명하는 페이지를 하나 정도 만들어 두자. 별도의 개인 홈페이지가 없는 경우 텍스트 중심의 세계관 소개 페이지를 따로 만들어서 링크트리에 첨부하는 작가들도 있다. 주로 미디움(https://www.themedium.io), 노션(https://www.notion.so), 깃북(https://www.gitbook.com/) 등의 서비스를 이용한다.

이 외에도 작가마다 자신을 알리기 위한 노하우를 열심히 개발하고 있다. 트위터를 통해 다른 작가들은 어떻게 자신의 작품 세계를 어필하고 있는지 많이 참고해 보면 좋겠다.

커뮤니티 활동

NFT 커뮤니티란?

NFT 관련 콘텐츠들을 보다 보면 'NFT는 커뮤니티가 중요하다'라는 식의 표현을 자주 접하게 된다. 그런데 보통 'NFT 커뮤니티'라고 이야기하면 특정 NFT를 보유한 '홀더 커뮤니티'를 말하는 경우가 많다. 하지만 지금 이 장에서 말하려는 커뮤니티는 '작가 커뮤니티'를 말한다. 그 외에도 다양한 커뮤니티가 있을 수 있지만, 일단 가장 많이 접하게 되는 '홀더 커뮤니티'와 '작가 커뮤니티'는 각각 어떤 특징이 있는지 알아보자.

홀더 커뮤니티

일반적으로 NFT 커뮤니티를 이야기할 때 말하는 '커뮤니티'는 주로 '홀더 커뮤니티'를 뜻한다. 여기서 '홀더Holder'는 특정 코인이나 NFT 컬렉션을

보유한 사람을 말한다.

같은 NFT이면 가격도 함께 움직이니 만큼 홀더 커뮤니티는 기본적으로 이익공동체의 성격을 띤다. 또한 비슷한 NFT 컬렉션을 샀다는 점에서 취향이나 가치관이 서로 유사할 가능성이 높다. DAO(탈중앙화 자율 조직)를 추구하는 프로젝트라면, 보유한 NFT가 그 커뮤니티의 중요한 결정을 하는 투표권의 역할을 하기도 한다.

이러한 특성 중에서 어떤 요소의 비중이 높으냐에 따라 그 커뮤니티의 방향이나 분위기가 많이 달라진다. 투자 중심의 커뮤니티라면 가격이나 수익에 관한 이야기가 많고, 취향 공동체의 성격이 강한 커뮤니티에서는 회원끼리 친목을 나누는 활동과 이벤트가 많다. DAO라면 그 목적성에 따라서 분위기가 많이 갈릴 것이다.

개인적으로 작가들도 한 번쯤은 이러한 홀더 커뮤니티를 경험해 보는 것도 NFT 시장과 문화를 이해하는 데 많은 도움이 되리라고 생각한다. 잘 운영되는 홀더 커뮤니티에는 적극적으로 활동하는 투자자들이 많은데, 그들과의 대화를 통해 NFT에 대한 발빠른 정보와 다양한 시선을 배울 수 있다. 또한 투자자들이 어떤 시선으로 NFT를 보고 있는지 관찰하는 것도 큰 도움이 된다.

홀더 커뮤니티를 경험하고 싶다면 NFT 마켓 오픈씨 상위 랭킹 컬렉션들을 먼저 살펴볼 것을 추천한다. 오픈씨 메인화면에서 'Stats' 탭의 'Rankings'를 누르면 현재 가장 많은 인기를 누리고 있는 NFT 컬렉션들의 목록이 나온다. 해당 컬렉션의 메인페이지를 보면 홈페이지, 디스코드, 인스타그램, 트위터 등 각종 링크를 확인할 수 있다. 그 링크들을 하나씩 들어가서 살펴보다 보면 홀더 커뮤니티의 분위기를 어느 정도 느낄 수 있을 것이다.

영어가 부담스럽다면 'All chains'를 눌러 'Klaytn'으로 바꾸면 국내 프로젝트를 볼 수 있다. 국내 프로젝트는 디스코드와 함께 오픈카톡방을 함께 운영하는 경우가 많다. 또한 트위터 활동도 굉장히 활발히 하고 있으니 함께 참고해 보도록 하자.

도표 2-15 • **오픈씨 상위 랭킹 컬렉션 화면**

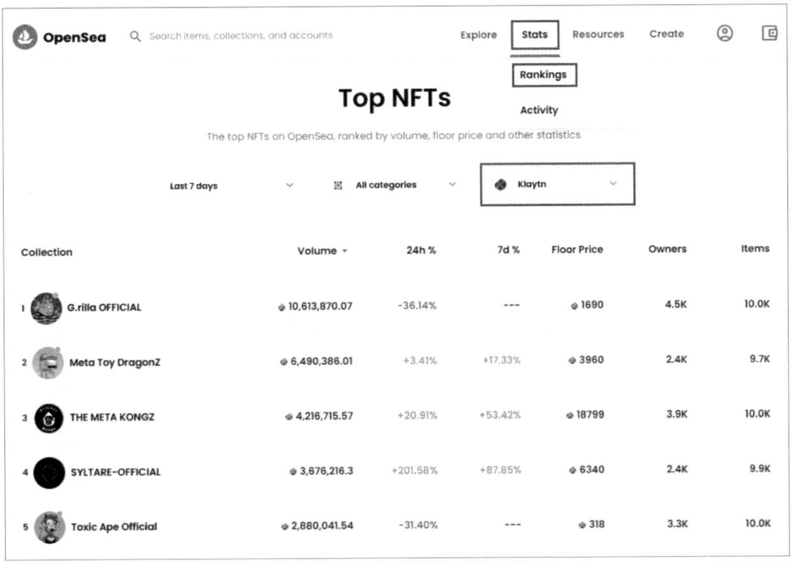

출처: 오픈씨

작가 커뮤니티

작가 커뮤니티는 말 그대로 작가들이 모여서 서로를 응원하고 돕는 모임이다. NFT는 작가들이 독립적으로 자유롭게 디지털 작품을 만들고, 판매하며 활동할 수 있는 장을 열어주었지만 동시에 기획, 제작, 마케팅, 홍보, 고객관리까지 모두 작가가 직접 챙겨야 한다는 부담도 함께 주었다. 게다가 생소한 용어와 헷갈리는 개념들, 엄청나게 빠른 트렌드의 변화에

매번 적응하는 것이 쉬운 일은 아니다. 제도나 규범이 제대로 잡혀 있지 않은 상황에서 막대한 자금이 몰리다 보니 온갖 사기꾼이 들끓기도 한다. 때로는 부실한 마켓플레이스와 부당한 계약을 하기도 하고, 저작권 침해도 많이 겪게 된다. 스캠 메시지를 잘못 클릭해 지갑을 털리는 일도 비일비재하다. 이러한 거친 환경을 헤쳐나가기 위해서는 작가들끼리 뭉쳐서 서로서로 도우면서 함께 풀어나가는 수밖에 없다. 혼자서는 헤쳐나가기 힘든 일을 만나도, 다양한 경험과 능력을 갖고 있는 작가들이 모여 있는 커뮤니티 내에서 고민을 나누다 보면 생각보다 빠르게 해결되는 경우가 많다. 혼자 작업하면서 외롭거나 슬럼프에 빠진 경우에도 작가 커뮤니티 활동이 큰 위로와 동기부여가 되곤 한다.

또한 여러 가지 단체 활동을 진행하기도 하는데 스터디 그룹, 예술토론 모임, 신작 발표회 등 혼자서 하기 어려운 일들을 함께하고, 규모를 키워서 온·오프라인 단체전을 여는 경우도 있다. 마음이 맞는 작가들끼리 콜라보레이션 작업을 하는 것도 NFT 커뮤니티에서는 흔한 일이다. 그 과정에서 서로에게 좋은 영향을 주고받으면서 새로운 장르를 시도하거나 작품 세계가 확장되는 경험을 하기도 한다.

NFT 작가들은 어디에서 모이나?

NFT 작가들이 주로 모이는 SNS는 트위터, 디스코드, 클럽하우스, 오픈카톡방이다.

특히 트위터는 작품을 공개하고 다양한 홍보를 진행할 메인 창구가 된다. 또한 동료 작가, 컬렉터, 대중과의 연결고리가 된다. 디스코드는 매

우 다양한 기능이 있는 커뮤니티로 여러 커뮤니티들이 아지트로 활용한다. 클럽하우스는 음성기반 SNS로, NFT 작가들이 작품 발표를 할 때 많이 애용한다. 작가들끼리 또는 컬렉터와 함께 대화를 나누는 방도 많이 생긴다. 국내의 경우는 오픈카톡방을 중심으로 활동하기도 한다.

이 중에서 가장 중요도가 높은 트위터와 디스코드의 활용법에 대해서 자세히 알아보자.

트위터 커뮤니티 활용법

팔로우와 소통 활동

NFT 작가에게 트위터는 작품을 홍보하고 다른 작가들과 관계를 맺고 정보를 얻는 가장 중요한 창구이다. 트위터 활동이 왕성하고 팔로어가 많다는 것은 컬렉터에게 큰 신뢰감을 준다. 컬렉터 입장에서 생각해 보면, 지구 반대편의 작가가 NFT 활동 이전에 전시를 몇 번 했고, 수상을 몇 번 했는지가 별로 와닿지 않을 수 있다. 하지만 트위터 팔로어 숫자가 많다면 그만큼 작가의 영향력이 크고 인기도 많을 것이라는 기대감을 준다. 또한 실제로 활동하는 작가인지, 앞으로도 활발하게 활동할 작가인지도 쉽게 판단할 수 있게 해준다.

팔로어를 늘리기 위해서는 일단 다른 사람들을 먼저 팔로우 하고 댓글과 디엠으로 관계를 맺어가려는 노력이 필요하다. 앞에서 설명했던 대로 트위터에서 돈신궁예(@DonsinGungye)를 검색하여 'Korean NFT Artist Group' 리스트를 구독하면 많은 한국 NFT 아티스트의 트윗을 쉽게 확인

할 수 있다. 만약 나와 결이 맞는 작가가 보인다면 팔로우 해 두자. 다른 작가가 작품을 홍보하는 트윗을 올렸을 때 리트윗을 해주거나 '좋아요' 댓글을 달아준다면 매우 고마워할 것이다. 이렇게 관계를 만들어가다 보면 훗날 내가 홍보를 하는 시점이 오면 그 작가들도 나에게 도움을 준다. 다른 작가들과 친분을 쌓다 보면 기존 작가들이 모여 있는 작가 커뮤니티 단톡방에 초대되는 경우도 생긴다.

트위터에서 가장 중요한 활동은 아무래도 내 작품의 홍보일 것이다. 트위터를 통해 작품을 홍보하는 요령은 뒷부분의 '홍보' 파트에서 자세하게 다룰 것이다. 그런데 트위터는 너무 홍보용으로만 쓰기보다는 자연스럽게 작품 제작과정도 공유하고 가능한 자주 쓰면서 생활화 하는 것이 좋다. 트위터를 잘하는 작가들을 모니터링 하면서 잘 참고해 보자.

트위터 스페이스

도표 2-16 • **트위터 스페이스 화면**

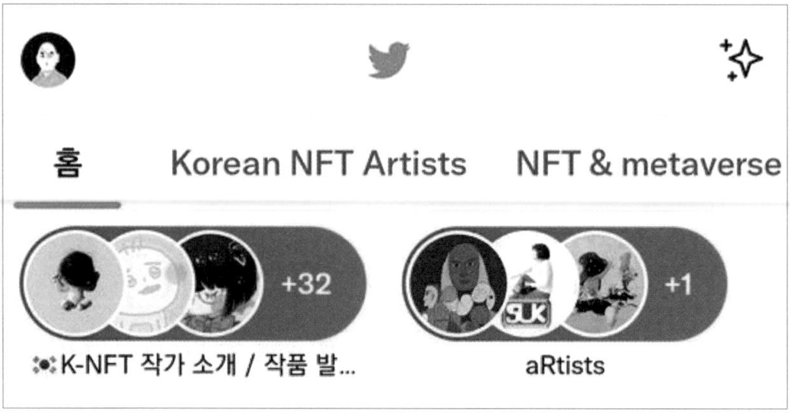

출처: 트위터

트위터에도 '스페이스'라고 해서, 클럽하우스와 같은 음성채팅 기능이 생

겼다. 스페이스는 NFT 작가들의 작품소개 공간으로 유용하게 쓰이고 있다. 여러분이 만일 돈신궁예 트위터 계정의 리스트를 구독하거나 이미 많은 NFT 작가를 팔로우 해 두었다면, 저녁부터 밤 시간대 즈음해서 위 이미지와 같은 모습을 볼 수 있을 것이다.

대부분 작가들과 컬렉터들이 모여서 작품에 대해 이야기하는 방일 것이다. 입장해서 이야기를 들어보면 다른 작가들이 어떻게 작품을 만들었고 어떻게 작품을 홍보하고 있는지 잘 알 수 있다. 하고 싶은 말이 생긴다면 발언권을 얻어 대화에 참여해 보는 것도 좋다. 직접 말로 대화를 하면 그냥 텍스트로만 소통하던 것에 비해서 훨씬 깊은 친밀감을 느낄 수 있다. 나의 작품도 보다 깊이 있게 어필할 수 있는 기회가 되기도 한다. 이러한 모임 도중에 작품이 팔리는 경우도 꽤 많이 보았다.

해외 작가들을 팔로우 해 두었다면 외국 작가와 컬렉터 방도 많이 보게 된다. 혹시 영어가 어느 정도 가능하다면 용기를 내어 참여해 보자. NFT는 국내보다는 해외 컬렉터가 훨씬 많으니 분명 도움이 될 것이다. 작품이 좋다고 절대 저절로 알려지지 않는다. 그러므로 기회만 있으면 어떻게든 어필하기 위해 노력하려는 자세가 필요하다.

디스코드 커뮤니티 활용법

디스코드는 게임용 음성 채팅으로 유명한 SNS였으나, 코로나 팬데믹 이후 글로벌 커뮤니티의 중심으로 크게 성장하고 있는 플랫폼이다. 특히 NFT 관련 프로젝트나 커뮤니티들은 거의 대부분 디스코드방을 운영하고 있다. 오픈씨 등 해외 서비스들은 고객관리를 모두 디스코드로 하는

경우도 많다. 접근성을 이유로 카카오톡 오픈채팅방을 고집하던 국내 커뮤니티들도 최근 들어 조금씩 디스코드로 옮기는 추세가 보인다. 디스코드는 NFT 작가에게 필수가 되었다.

도표 2-17 • 오픈씨 트위터 계정 프로필에 있는 디스코드 초대 링크

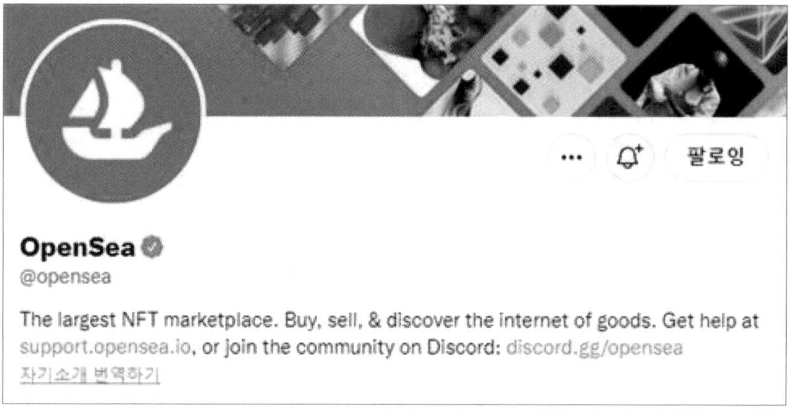

출처: 트위터

디스코드는 텍스트 채팅, 음성 채팅, 카테고리 구분, 동영상 및 이미지 공유, 멤버십 기능 등 커뮤니티 운영에 필요한 도구들이 가득하다. 기존의 SNS와는 구조가 조금 달라서 처음에는 다소 어렵게 느껴지긴 하지만, 익숙해지기만 하면 정말 유용한 툴이라는 것을 알 수 있다.

디스코드는 대부분 초대 링크를 통해 접속하게 되는데, 독자분들을 위해 연습용으로 쓸 수 있는 디스코드방을 개설해 두었다. 다음 큐알코드를 통해 접속해 보자. 디스코드는 PC 웹브라우저에서 바로 이용해도 되고, 별도의 프로그램을 다운로드해서 사용해도 된다. 모바일 앱으로도 편하게 사용할 수 있다.

❶ 큐알코드를 통해 링크로 들어오면 다음과 같은 초대장 화면이 뜨는

데, 초대를 수락하고 원하는 사용자명을 입력하면 가입절차가 진행된다. 이미 가입되어 있다면 본인의 아이디를 입력하고 입장하면 된다.

돈신궁예 디스코드 바로가기

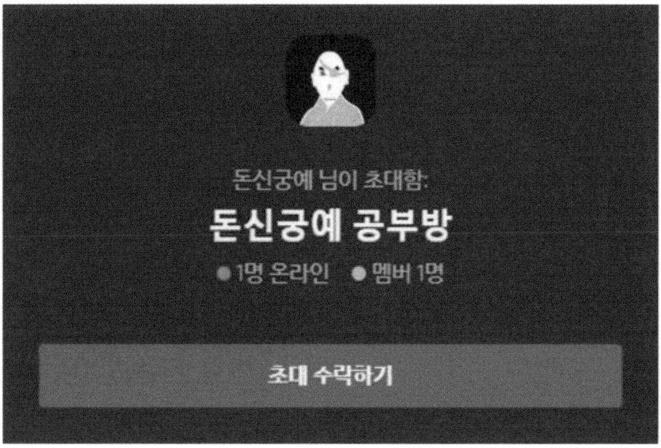

❷ 가입을 완료하면 이와 같은 화면을 볼 수 있다. 디스코드에서는 각 커뮤니티를 '서버'라고 부르며, 화면 좌측에 원형의 마크들이 내가 입장한 서버들의 목록이다. 처음 로그인 했다면 아직 하나밖에 보이지 않을 것이다.

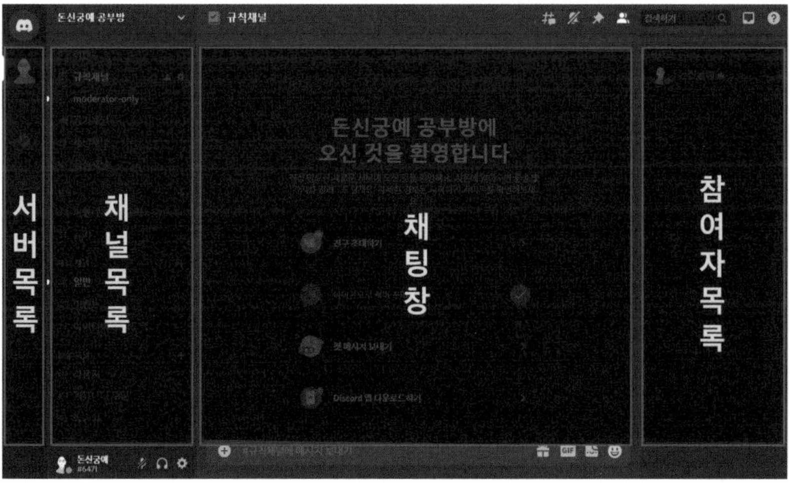

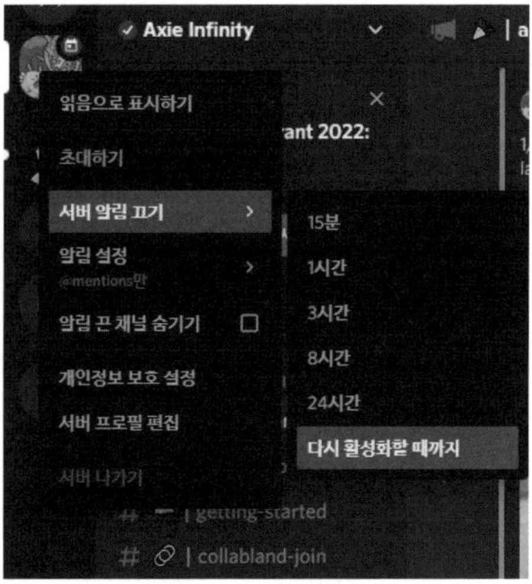

서버 목록에 있는 +버튼을 누르면 서버를 생성할 수 있고, 나침반 버튼을 누르면 다양한 공개 서버를 검색할 수 있다. 관심 있는 서버를 살펴보면서 디스코드에 익숙해져 보는 것도 좋겠다.

서버 목록이 많아지면 서버의 알림 때문에 정신이 없어지기도 하고, 원하지 않는 서버에 나도 모르게 초대되어 들어가 있는 경우도 생긴다. 그럴 때는 해당 서버 아이콘을 우 클릭해서 채널 알림을 꺼놓거나, 가장 하단의 서버 나가기를 눌러 나가면 된다.

❸ 각 게시판이나 음성 채팅방들을 모두 채널이라고 한다. 서버 옆의 목록들이 모두 채널이다. 채널에는 종류가 있는데 채널 목록 앞의 아이콘으로 구분할 수 있다.

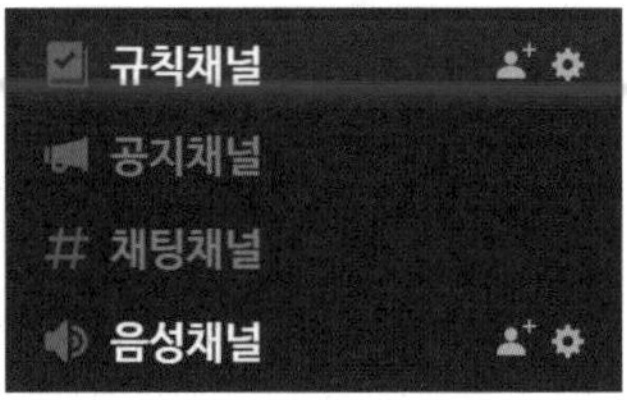

규칙채널은 서버의 규칙을 적어두는 채널, 공지채널은 공지사항이 전달되는 채널로 운영자들이 관리한다. 채팅채널은 일반 텍스트 채팅, 음성채널은 음성대화를 할 수 있는 채널이다.

❹ 음성채널의 경우 한 번 연결되면 디스코드 상에서 다른 서버나 다른

채널을 이용하는 중에도 계속 음성이 연결된 상태가 된다. 음성채널 연결 여부는 채널 목록 아래쪽에 '음성 연결됨'이라는 표시를 보면 알 수 있다. 연결을 끊고 싶으면 '음성 연결됨' 옆에 전화기 모양의 '연결끊기' 아이콘을 눌러야 한다. 혹시 연결을 끊지 않은 채로 마이크를 끄거나 소리를 잠시 안 듣고 싶다면 맨 아래 내 아이디 우측에 있는 마이크와 헤드폰 아이콘을 누르면 된다.

음성채널이 연결되었을 때는 추가로 웹캠 화면이나 내 컴퓨터 화면을 공유할 수 있는 버튼이 생긴다. 평소에는 쓸 일이 없지만, 다른 작가들과 작업을 공유하거나 스터디그룹 활동을 할 때는 유용하게 활용된다.

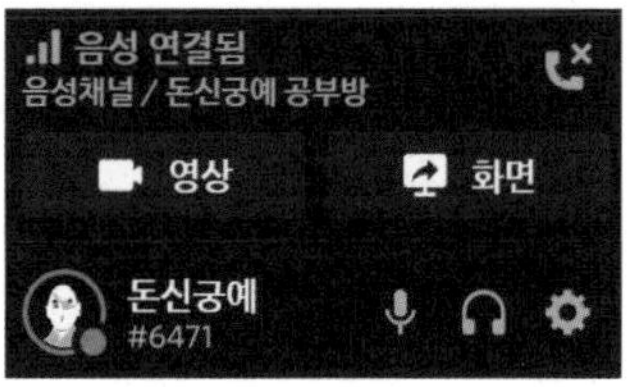

❺ 채널 목록 가장 아래 오른쪽의 톱니바퀴를 누르면 나의 계정 설정에 들어갈 수 있다. 계정설정 화면에서 나의 프로필 사진이나 아이디를 수정할 수 있고 그 외에 다양한 개인설정을 수정할 수 있다. 그중에서 특히 신경 쓸 부분은 '개인정보 보호 및 보안' 항목이다.

여러 NFT 프로젝트 서버에 입장하다 보면 어느 순간부터 수많은 스팸 메시지를 받게 된다. 스팸 메시지가 너무 많다 보니 대부분의 커뮤니티에서는 '운영진들이 직접 개인 메시지를 먼저 보내는 일은 없으니 사칭하는 메시지를 조심하라'는 공지를 하기도 한다. 따라서 디스코드에서 다이렉트 메시지는 사용하지 않는 게 나을 때가 많다. 위 자료화면처럼 '개인정보 보호 및 보안' 항목에서 '나를 안전하게 보호하기' 항목을 체크하고 '서버 멤버가 보내는 다이렉트 메시지 허용하기'도 꺼놓자.

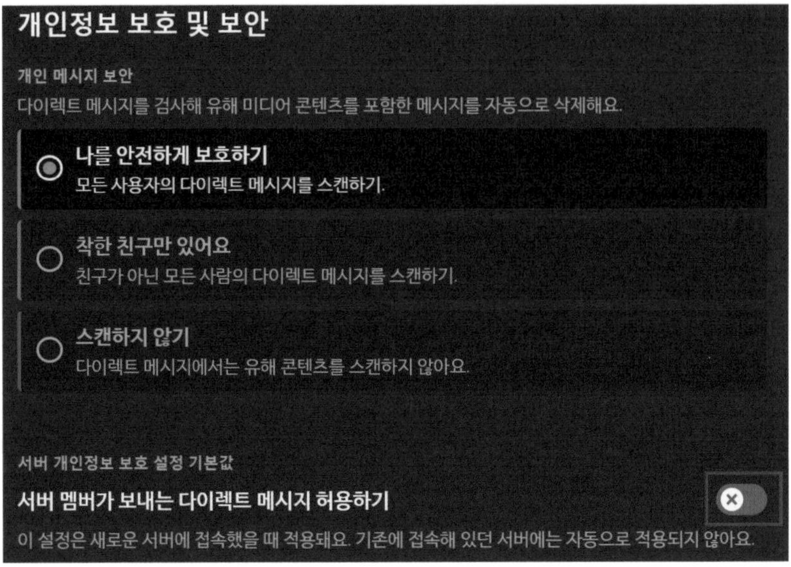

여러 SNS 프로젝트에 참여하다 보면 서버 목록이 복잡해질 수 있는데, 디스코드 아이디는 이메일만 있으면 만들 수 있기 때문에 용도별로 만들면 관리하기 좋다. 필자는 작가용, 투자용, 개인용으로 3가지 디스코드 아이디를 쓰고 있다.

국내 주요 작가 커뮤니티

입문자일수록 작가 커뮤니티가 필요하지만, 처음에는 작가 커뮤니티를 찾기가 쉽지 않을 것이다. 초반에는 검색이 되는 공개 커뮤니티로 운영되다가도, 시간이 지날수록 작가들의 개인정보를 수집하기 위해 들어오거나 광고 목적으로 들어오는 사람들이 많아지면서 비공개 커뮤니티가 되는 경우가 많기 때문이다. 또 마음에 맞는 작가들끼리 소수정예로 운

영되는 곳들도 많다. 사실 아무리 크고 좋은 커뮤니티라고 해도 자신과 맞지 않으면 도움이 안 되기도 한다. 그러므로 가장 좋은 방법은 SNS 활동을 활발하게 함으로써 마음에 맞는 작가들을 알아가고 친분을 쌓아가며 자연스럽게 커뮤니티를 함께하게 되는 것이라고 생각한다.

일단, 내가 아는 국내 주요 작가 커뮤니티 두 곳을 소개하려 한다. 두 커뮤니티 모두 굉장히 열정적이고 헌신적인 작가들이 많아서 함께한다면 큰 도움이 될 것이다.

클하 NFT

국내 NFT 작가 커뮤니티의 시초는 2021년 3월, 클럽하우스를 기반으로 탄생한 카카오톡 오픈채팅방 '클하 NFT[NFTARTIS 모임]'라고 할 수 있다. 클럽하우스에 모여 NFT라는 새로운 움직임에 대해 이야기를 나누던 작가들은 각자가 겪은 시행착오들을 종합해 노하우를 정리해서 새로 진입하는 아티스트들에게 조건 없이 나눠주었다. 그러자 더 많은 작가들이 모였다. 작가들은 서로의 예술을 이야기하고 새로운 기술이나 정보를 공유하기도 하며 함께 성장해 나갔다. 영어를 잘하는 작가는 다른 한국 작가들이 외국 컬렉터에게 자신의 작품을 설명할 수 있도록 도왔다. 기술적인 부분을 잘 아는 작가는 초보 작가들이 어려움을 겪을 때 화상통화로 도와주었다. 작가들끼리 힘을 모아서 온·오프라인 전시회도 수차례 열었다.

모임은 어느새 868명(2022년 2월 현재)이 모인 거대한 집단이 되었다. 클하 NFT는 한때 1000명이 넘은 적도 있었지만, 작가의 개인정보를 수집하기 위해 들어오는 사람이 많아지면서 지금은 기존 회원의 초대를 통해서만 입장할 수 있게 되었다.

나 역시 '클하 NFT' 모임의 수혜를 입은 사람 중 한 명이다. 이 커뮤니티에 함께함으로써, 같은 길을 걷는 작가끼리 서로 응원하고 도와가며 함께 빠르게 성장하는 값진 경험을 할 수 있었다. 커뮤니티의 규모가 커지면서, 이 커뮤니티에서 파생된 작은 소모임들도 많이 생겼다. 마음에 맞는 작가들이 있다면 소모임을 직접 만드는 방법도 있다. 다음에 소개할 '리드미컬 NFT 클럽'도 그렇게 탄생한 커뮤니티다. 혹시 친분이 있는 작가 중에 클하 NFT 멤버가 있다면 초대를 부탁해 보는 것도 좋겠다.

도표 2-18 • 클하 NFT 프랑스 이함갤러리 전시 포스터

클하 NFT
주요 링크 모음

출처: 저자 제공

도표 2-19 • 리드미컬 NFT 클럽 홈페이지 화면

출처: 저자 제공

리드미컬 NFT 클럽은 네이버 모션그래픽 카페 '리드미컬 이미지네이션Rhythmical Imagination'을 운영하던 제로디 작가에 의해 클하 NFT의 소모임으로 시작되었다. 리드미컬 NFT 클럽은 기존 클하 NFT 방의 베테랑들보다는 NFT를 처음 접하는 그래픽 디자이너들을 위해 설계되어 있다. 클럽에는 '정식 작가'가 되기 위한 등록절차가 있는데, 그 과정을 따라하다 보면 자연스럽게 NFT 제작부터 홍보까지 전 과정을 학습하게 된다. 또한 그렇게 해서 만들어진 작품을 소개할 수 있는 컬렉터 커뮤니티까지 조성하고 있다는 점이 인상적이다. 사실 NFT 아트 활동에 있어서 나의 컬렉터와 좋은 관계를 유지하고 소통을 이어간다는 것은 역시 굉장히 인상적인 요소이다. 리드미컬 NFT 클럽은 입문자가 컬렉터와의 관계까지 빠르게 경험해 볼 수 있다는 점에서 정말 많은 도움이 될 것이라고 생각한다.

한편, 리드미컬 NFT 클럽의 행보를 보고 흥미를 느낀 클하 NFT 모임 회원들도 대거 들어오면서 지금은 '소모임'이라고 하기에는 규모가 많이 커진 상태이다. 2022년 1월 15일부터 2월 말까지 오프라인 전시를 진행하기도 했다.

도표 2-20 • 리드미컬 NFT 클럽 서울 Collexx 갤러리 오프라인 전시 현장

출처: 저자 제공

리드미컬 NFT 클럽
소개 영상 바로가기

리드미컬 NFT 클럽
오픈카톡방 바로가기

그 외에 필자가 모르는 좋은 커뮤니티도 많이 있을 것이다. 오픈채팅방처럼 한 방에 모여 있지 않더라도, 트위터의 스페이스나 클럽하우스에서의 정기모임 등 느슨한 커뮤니티도 찾아보면 많이 있다. SNS 활동을 열심히 하면서 여러 작가들과 활발히 교류하다 보면 자연스럽게 수많은 작가 커뮤니티에 함께하게 될 것이다.

드디어 NFT 제작

NFT 작품 제작을 위한 To-Do List

드디어 작품을 제작할 때가 왔다. 이제부터 NFT의 실제 제작 과정을 함께 진행해 보자. NFT를 만드는 방법은 여러 가지가 있지만, 이 책에서는 이더리움으로 오픈씨에서 제작하는 것을 기준으로 한다. 블록체인 중에서는 이더리움이, 이더리움 마켓 중에서는 오픈씨의 시장점유율이 압도적으로 크기 때문이다. 또한 가장 기본적이고 많이 쓰는 방식인 만큼, 이 방식만 잘 익히면 다른 체인이나 다른 마켓에도 쉽게 적응할 수 있을 것이다.

첫 NFT 제작을 위해 해야 할 목록은 다음과 같다. 이제부터 하나하나 진행해 보자.

도표 2-21 • NFT 작품 제작 체크리스트

- ☐ 암호화폐 지갑 생성
- ☐ 국내 암호화폐 거래소 가입
- ☐ 거래소에 은행 계좌 등록 및 원화 입금
- ☐ 해외 암호화폐 거래소 가입
- ☐ 암호화폐 구입
- ☐ 암호화폐 전송
- ☐ NFT 마켓 가입
- ☐ NFT 민팅
- ☐ NFT 리스팅
- ☐ NFT 홍보

당장 얼마를 준비해야 할까? 가스피 알아보기

위 체크리스트와 같은 복잡한 절차가 필요한 이유는 가스피가 필요하기 때문이다. 이더리움 네트워크에서 가스피는 이더Eth로 지불된다. 오픈씨에서는 작품의 첫 리스팅 시 작가 등록비에 해당하는 가스피만 준비하면 된다. 두 번째 작품부터는 가스피가 들지 않는다.

그렇다면 얼마가 있어야 할까? 앞에서 용어 설명 편을 잘 익혔다면 가스피가 시시각각 변한다는 사실을 알고 있을 것이다. 가스피는 이더리움 네트워크가 붐비는 정도에 따라 시세가 변하는데, 보통 평일 오후 2~3시 정도가 저렴한 것으로 알려져 있다. 이유는 미국 기준 새벽 시간대이기 때문이다. 하지만 이것도 항상 그렇지는 않다. 이더리움 네트워크 상에 무슨 이슈가 있거나, 인기 있는 NFT 프로젝트가 이벤트를 열었거나 하는 등의 다양한 이유로 가스피가 크게 변하기도 한다. 그러므로 시시각

각 체크하며 대응할 필요가 있다. 지금 이 시각의 가스피를 알아보고 싶다면 아래 사이트를 확인해 보자.

도표 2-22 • **실시간 가스피 화면**

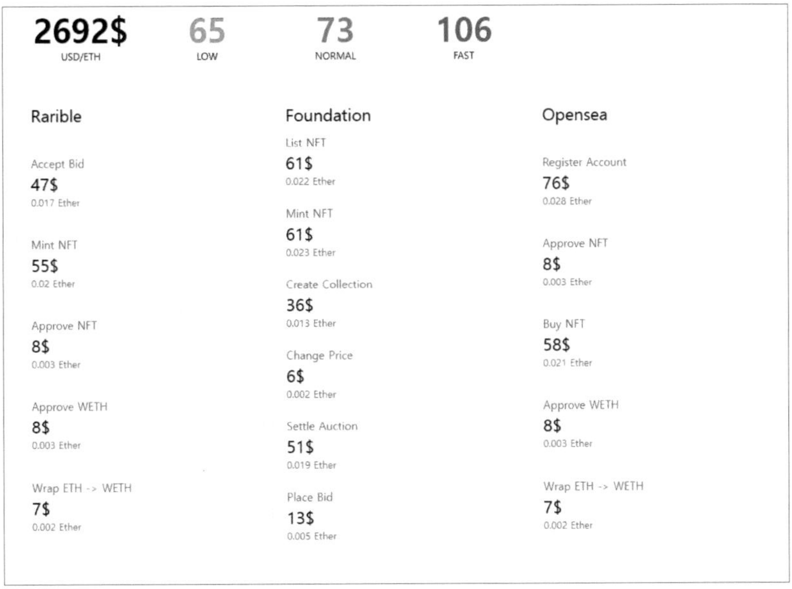

출처: www.gwei.at

* 거래소별 시세체크 사이트: https://www.gwei.at/
* 시간대별 가스피 그래프 확인: https://ethereumprice.org/gas/

Gas Calculator(www.gwei.at) 사이트는 가장 대중적인 거래소인 오픈씨, 파운데이션, 라리블에서 수행하는 작업 별로 예상 가스피를 보여주어 매우 편리하다. 글을 쓰는 지금 오픈씨의 작가 등록 가스피는 0.028 이더리움, 지금 시세로 따지면 한화로 9만 원 정도이다.

ethereumprice(ethereumprice.org/gas/) 사이트의 가스피 차트를 함께 보면, 지금 가스피가 평소에 비해서 싼지 비싼지를 대략적으로 가늠할 수 있다.

도표 2-23 · **실시간 가스피 화면**

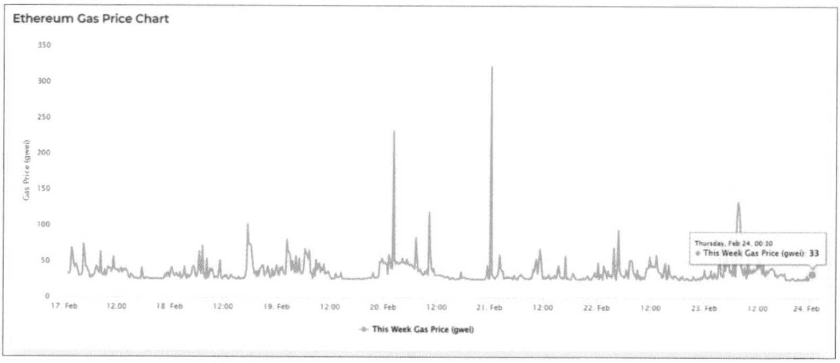

출처: ethereumprice

그래프를 보면 평소보다는 살짝 높은 수준이지만 심하게 튀지는 않은 가격이다. 또한 최근 새벽 시간대에 진폭이 심하다는 사실도 알 수 있다. 한국의 새벽에서 아침 시간대는 미국의 일과시간이니 만큼 이더리움 네트워크 상에 이벤트가 많을 확률이 높다. 꼭 정해진 시간에 작품을 올려야 하는 게 아니라면 그 시간대는 피하는 것이 좋다.

이 글을 쓰는 지금 시점 기준으로, 여유 있게 10만 원 정도의 가스피를 준비하면 첫 NFT 제작은 가능할 것이다. 그러므로 최소 10만 원 어치의 이더리움을 준비하면 될 것이다. 하지만 개인적으로는 너무 타이트하게 딱 맞추기보다는, 0.1 이더리움(2022년 3월 기준 약 32만 원) 정도는 넣어두라고 권하고 싶다. 가스피가 너무 아슬아슬할 경우에는 간혹 실패하는 경우가 생길 수 있다. 또한 NFT 작업을 계속 하다 보면 은근히 이더리움이 필요한 경우들이 생기게 된다. 예를 들어 작품을 다른 지갑으로 옮기고 싶거나 작품 등록을 취소하고 싶을 때, 오픈씨가 아닌 다른 마켓에 작품을 올릴 일이 생겼을 때에는 추가적인 가스피가 필요할 것이다. 또한 NFT 작품들을 자주 보다 보면 다른 작가의 작품을 사고 싶어지는 순간이 오기도 한다. 그럴 때마다 이더리움을 다시 구입해서 전송하는 수고

를 하려면 너무 번거롭다.

물론 이는 나 개인의 의견일 뿐이므로 참고해서 각자의 판단에 맞게 준비하면 될 것이다.

암호화폐 지갑의 역할

가상자산을 활용하기 위해서는 먼저 '암호화폐 지갑'이 필요하다. 암호화폐 지갑이 하는 역할은 크게 4가지 정도이다.

1. 내 가상자산의 사용을 승인하는 인감도장
2. 다른 사람이 나에게 가상자산을 보낼 때 적는 계좌번호
3. 블록체인 서비스에 접속할 때 쓰이는 통합 출입증
4. 개인 아이디이자 신분증

일단 지갑이 준비되면 마켓에 로그인해서 NFT를 사거나 팔 수 있고, 메타버스 공간에 들어가 나만의 캐릭터로 메타버스 전시를 구경 다닐 수 있다. 또한 디파이나 P2E 게임을 통해 수익을 노려보는 것도 가능하다.

가장 대표적인 이더리움 지갑은 메타마스크로 월간 사용자 3,000만 명의 압도적인 시장 지배자로 꼽힌다. 거의 대부분의 이더리움 서비스는 메타마스크를 지원한다고 보아도 무방하다.

국내 NFT 시장에 관심이 있다면 클레이튼 지갑도 많이 들어보았을 것이다. 클레이튼 지갑은 PC의 경우 카이카스, 모바일의 경우 클립을 많이 사용한다.

도표 2-24 • 대표적인 암호화폐 지갑 3가지

출처: 저자 제공

'암호화폐 지갑'이라고 하면 정말로 돈이 들어 있는 저장소를 생각하기 쉬운데, 굳이 비유하자면 현찰이 들어 있는 지갑보다는 스마트폰의 은행 앱에 더 가깝다. 암호화폐 지갑이 사라졌다고 해서 나의 가상자산이 함께 사라지는 것은 아니다. 개인키만 알고 있으면 어디서든 새롭게 지갑을 설치해서 다시 나의 자산에 접근할 수 있는 것이다. 반대로 이야기하면, 누구든 나의 개인키를 안다면 마음대로 내 재산을 빼 갈 수도 있다. 실제로 이런 방식으로 사람들의 가상자산을 탈취해 가는 범죄가 적지 않게 일어난다. 지갑을 만들기 전에 보안 관련 상식부터 살피고 넘어가자.

내 지갑을 지켜라!

NFT 작가에게 암호화폐 지갑이란, 단순히 돈을 저장하는 수단이 아니다. 작가로서의 내 아이디이기도 하고 작품 창고이기도 하다. 그렇기 때문에 지갑이 털렸을 경우, 금전적인 손실도 뼈아프지만 기존에 만들어 놓은 작가로서의 인프라까지 훼손되는 문제도 심각하다. 글로벌 범죄이기에 범인을 잡을 확률도 매우 낮다. 그렇기 때문에 모든 걸 시작하기에 앞서 보안부터 철저히 하는 마인드가 중요하다. 지갑이 털리는 다양한 경우와 그 대비 방안을 알아보자.

스캠 사이트 접속

오픈씨와 같은 NFT 서비스의 공식 사이트를 가장한 가짜 사이트들이 많다. 겉보기에는 거의 똑같아서 눈치채기 어렵다. 이러한 사이트에 접속해서 무심코 지갑을 연결하면 당하게 된다.

➜ **대처법1**: 메일 주소를 확인하라. 공식적인 메일인 것처럼 보이지만 자세히 보면 이메일 주소가 미세하게 다른 경우들이 있다. 메일 내용에 링크를 클릭하라는 내용이 있다면, 특히 해당 이메일 주소가 공식 이메일이 맞는지 두 번 세 번 확인해야 한다. 메일 외에도 다이렉트 메시지나 댓글을 통해서 가짜 사이트 링크를 유도하는 경우도 많으니 정신을 바짝 차리자.

➜ **대처법2**: 검색을 했다면 구글 검색 상단의 '광고'를 조심하라. 구글에 검색을 하면 최상단에 광고로 스캠 사이트가 뜨는 경우들이 있다. 급할 때는 나도 모르게 맨 위에 검색된 사이트를 누를 때가 있으니 조심하자. 웬만하면 자주 가는 사이트들은 즐겨찾기를 해두는 것이 좋고, 부득이하게 검색을 한다면 사이트 주소가 정확한지 철저하게 체크하자.

비밀 복구 구문 요구

메일이나 메시지로, 나의 지갑이나 NFT 계정에 문제가 생겼다면서 비밀 복구 구문을 요구하는 경우가 있다. 안전해 보이는 특정 링크로 접속해서 직접 입력하도록 유도한다. 가끔 실제로 지갑에 문제가 생겨서 트위터에 도움을 요청하는 글을 올리면 어떻게 알고 이러한 사기 댓글이나 메시지가 오곤 한다. 평상시라면 잘 속지 않는 사람도 당황하면 실수를

하기 마련이다. 의외로 가장 많이 당하는 케이스다.

➜ **대처법**: 누구든 나에게 비밀 복구 구문 입력을 유도하면 일단 기본적으로 사기꾼이라고 간주하자. 그리고 발신인의 아이디나 링크 주소를 잘 살펴보자. 분명 공식 주소와 약간 다른 점이 발견될 것이다. 의심스러운 정황이 발견되면 더 이상 진행하지 말고 대꾸도 하지 말자.

해킹 프로그램 설치

메일이나 트위터, 인스타그램 메시지로 협업 제안이 올 때가 있다. 나의 작품이 마음에 들어서 콜라보레이션 작업을 하자는 내용이다. 대화를 진행하다 보면 자세한 사항은 첨부파일을 확인하라는 내용으로 마무리가 된다. 여기서 파일을 확인하면 그 순간 해킹 프로그램이 다운로드 된다.

필자도 NFT 작업 초창기에 비슷한 연락을 받고 고민한 적이 있었는데 커뮤니티의 다른 작가들로부터 비슷한 사기 사례가 많다는 이야기를 듣고 정신을 차릴 수 있었다.

➜ **대처법**: 구글 드라이브 링크, PDF 파일, EXE 파일 등 온라인으로 받는 파일이나 링크는 모두 의심하자. 지인의 아이디가 해킹되었을 확률도 배제할 수 없으니 내가 아는 아이디라고 해도 바로 믿어서는 안 된다.

도움을 약속하고 금전적인 대가를 요구

내 지갑이나 계정에 문제가 생겨서 SNS 상에 도움을 구했을 때, 자신이 도와줄 수 있다며 연락이 오는 경우가 있다. 보통 대가를 선불로 요청하는데, 돈을 보내면 연락이 끊어진다.

➡ **대처법**: 내 지갑의 문제는 기본적으로 남이 해결해 줄 수 있는 문제가 아니다. 특히 개인적인 인연도 없는 사람이 그러한 도움을 주고자 한다면 그냥 사기꾼이라고 보는 것이 좋다. 직접적으로 돈을 요구하면 의심받을 수 있으니 다른 사람을 추천한다는 식으로 작업을 거는 사기꾼도 있다. 사기꾼은 교묘하게 상대방의 심리를 건드리고 조종하는 기술자이니 방심하지 말고 항상 조심해야 한다.

온라인 노트 해킹

지갑을 생성하는 과정에서 비밀번호, 비밀 복구 구문, 비공개키 등이 저장된 온라인 문서를 해킹 당하는 경우가 있다.

➡ **대처법**: 지갑의 비밀 복구 구문은 절대로 온라인에 보관해서는 안 된다. 인터넷이 연결된 컴퓨터의 하드도 안전하지 않다. 인터넷이 연결되지 않은 컴퓨터에 보관하거나, 수기로 적어 오프라인에 저장하는 것이 가장 안전하다.

지갑은 가능하면 보안이 잘 되어 있는 한 개의 PC에서만 사용하기를 권한다. 한 지갑을 여러 컴퓨터에 설치하다 보면 어딘가에서 실수하게 되어 있다. 이때 지갑을 용도별로 나눠서 쓰는 것도 방법이다. 작품 제작용 지갑, 투자용 지갑, 메타버스 게임용 지갑을 따로 만들면 위험이 분산되니 조금이나마 보안이 될 수 있다.

그 외에도, 애초에 콜드 월렛을 사용하는 방법이 있다. 콜드 월렛은 하드웨어 암호화폐 지갑으로 필요할 때만 컴퓨터에 연결이 되므로 해킹의 위협과는 거리가 멀다. 거래 규모가 커진다면 한 번쯤 생각해 볼 만한 옵션이다.

해킹 피해 시 대처방안

그렇다면 이미 지갑이 털린 상태라면 어떻게 해야 할까? 아쉽지만 복구할 방법은 없다. 예방만이 살길이다. 다만, 아직 지갑에 남아 있는 자산이 있다면 새로운 지갑을 만들어 최대한 빨리 옮겨두자. 나의 PC가 해킹된 정황이 의심된다면 포맷을 하자. 그리고 나의 주요 로그인 아이디 비밀번호도 모두 바꾸는 것이 좋다.

기존에 팔린 NFT가 있다면 구매자와 합의해서 소각하고 새 작품을 무료로 보내주는 방식으로 정리하는 경우도 있다. 하지만 구매자가 합의하지 않을 가능성도 크다.

오픈씨의 경우 별다른 구제책은 없지만 해킹된 내 계정을 '오염된 계정'으로 등록하는 절차가 있다. 이 절차를 밟는다면 추후 그 계정과 거래를 하려는 사용자에게 상대방이 오염된 계정이라는 것을 알아차리게 함으로써 추가 피해를 방지할 수 있다.

해킹 피해를 입으면 판단력이 흐려지고 실수를 연발할 가능성이 크니 정신을 바짝 차리자. 커뮤니티의 경험 많은 작가들에게 상황을 알리고 도움을 요청하는 것도 좋다. 대신 문제를 해결해줄 수는 없겠지만, 침착하게 대처할 수 있도록 유용한 조언들을 많이 해줄 것이다.

메타마스크 지갑을 만들어보자

메타마스크는 크롬Chrome 브라우저의 확장 프로그램 형태로 사용한다. 크롬은 가능하면 최신 버전으로 준비하자. 크롬 웹스토어에서 메타마스크

를 검색하거나 공식 사이트(http://METAMASK.io)에서 링크를 누르면 메타마스크 확장 프로그램 설치 화면이 나온다. 메타마스크는 모바일 버전도 있지만 PC상에서 먼저 익숙해진 뒤에 추가하는 게 조금이나마 안전할 듯하다. 크롬에 추가 버튼을 클릭하고 다음의 순서대로 실행해 보자.

도표 2-25 • **메타마스크 크롬 확장 프로그램 설치 페이지**

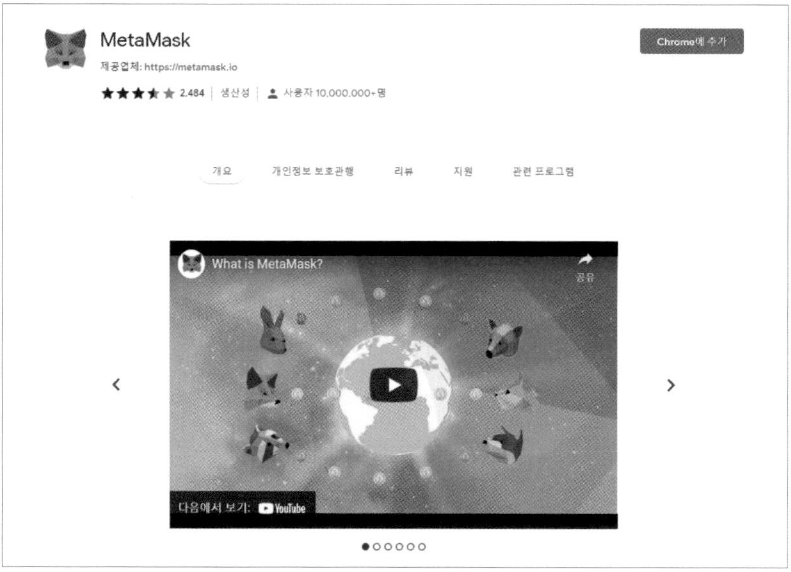

출처: 크롬

❶ 메타마스크 크롬 확장 프로그램을 설치한 후 시작하기를 누르면 지갑 가져오기와 지갑 생성이 나오는데, 여기서 지갑 생성을 클릭한다. 비밀번호를 만들고 나면 보안 관련 영상과 안내 문구가 나온다. 꼼꼼하게 읽어본 뒤 다음을 누르면 위에서 언급했던 비밀 복구 구문이 나온다. 비밀 복구 구문 역시 주의사항을 꼼꼼하게 읽어보고 반드시 안전한 곳에 잘 보관하도록 한다. 참고로, 클립보드의 메모리는 보안이 좋지 않다.' 복사+붙여넣기' 하지 말고 꼭 손으로 종이에 적어두기 바란다.

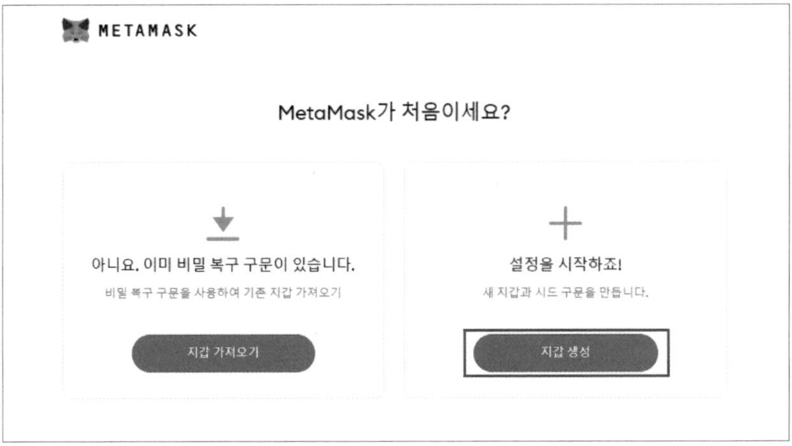

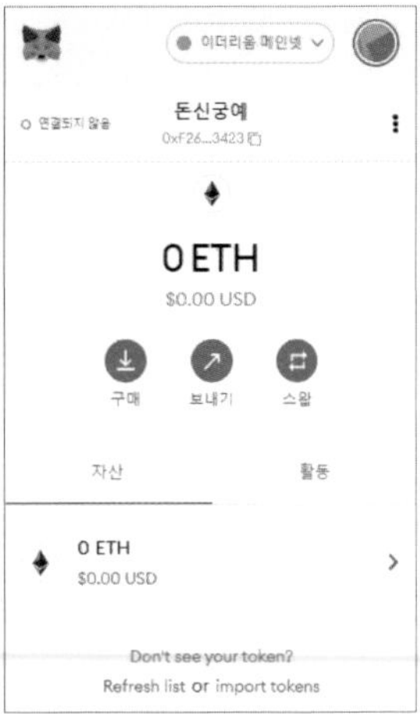

❷ 지갑생성이 완료되면 이와 같은 화면을 볼 수 있다. 오른쪽 점 세 개를 누르면 '계정 세부정보' 메뉴가 있다. 세부정보 페이지에서 가운데 적혀진 42자리 복잡한 문자열이 지갑 주소다. 지갑 주소는 일종의 '계좌번호'일 뿐이라서 공개되어도 상관없다. 해당 주소를 마우스로 클릭하면 지갑 주소가 클립보드에 복사된다. 필요한 곳에 붙여넣기를 해서 활용하면 된다.

❸ 상단의 큐알코드는 지갑 주소를 큐알코드로 나타낸 것이다. 모바일 상에서 지갑 주소를 빨리 입력해야 할 때 큐알코드로 인식하면 편하게 지갑 주소를 옮길 수 있다. 큐알코드의 상단에는 지갑 이름이 적혀져 있다. 이름 오른쪽의 연필 아이콘을 누르면 수정할 수 있는데, 이 이름은

스스로 구분하기 위한 것이니 적당히 정하면 된다. 지갑을 여러 개 쓰게 된다면 구분이 필요해질 수 있다. 맨 위의 알록달록한 동그란 이미지는 '아이덴티콘'이라고 부르는데, 지갑을 헷갈리지 않도록 하기 위해 랜덤 생성된 이미지이다. 눈에 잘 익혀두자.

❹ 지갑 주소 아래쪽의 'View On Etherscan' 메뉴를 누르면 '이더스캔'이라는 사이트가 열리면서 내 지갑의 자세한 활동 내역이 보인다. 이더스캔이란 이더리움의 블록 생성, 트랜잭션 조회, 지갑 정보 조회 등 이더리움 블록체인에서 일어나고 있는 모든 활동과 정보를 쉽게 검색할 수 있는 사이트다. 이제 막 지갑을 만들었으니 아무 항목도 없겠지만, 앞으로 NFT를 발행하거나 판매할 때마다 이곳에 항목들이 생성될 것이다. 거래가 잘 이루어졌는지 살펴볼 때 반드시 필요하니 앞으로 자주 보게 될 것이다.

❺ 메타마스크 계정 세부정보 맨 아래 '비공개키 내보내기'를 누르면 내 지갑의 비공개키를 알 수 있다. 이 번호가 내 지갑의 가장 중요한, 통장 비밀번호 같은 것이다. 당장은 필요 없지만 추후에 내 지갑을 다른 곳에서 불러와야 할 때 필요하다. 이것도 만일을 위해 백업해 두는 것이 좋다. 다만 온라인이 아닌 오프라인으로 보관해야 한다. 앞에서도 강조했지만, 비밀 복구 구문이든 비공개키든 그 누구에게도, 메타마스크 직원에게도 절대로 알려줘서는 안 된다.

❻ 메인 화면의 상단에는 메인넷을 변경하는 버튼이 있다. 메타마스크는 이더리움 메인넷 외에도 다양한 네트워크를 추가하는 것이 가능하다. 당장은 필요 없지만, 추후에 폴리곤이나 클레이튼, 혹은 다른 메인넷의 가상자산을 활용해야 할 일이 생기면 이곳에서 메인넷을 변경해야 한다.

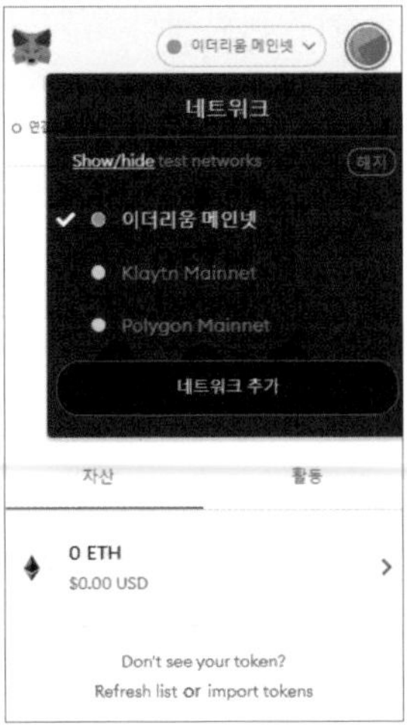

❼ 오른쪽 상단의 동그란 계정 심볼(아이덴티콘)을 누르면 메타마스크 전체를 관리하는 팝업메뉴가 나온다. 새로운 메타마스크 계정을 생성하기,

다른 메타마스크 지갑을 가져오기, 하드웨어 지갑 연결하기 작업을 할 수 있다. 맨 아래 있는 '설정'을 누르면 다양한 세부 설정을 할 수 있는 창이 나온다.

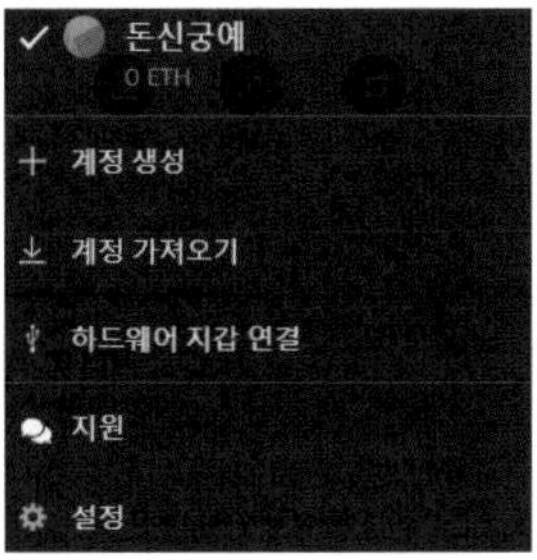

❽ '일반' 메뉴에서는 언어, 통화 등의 사용자 환경설정을 할 수 있다. '고급' 메뉴에서는 세부적인 설정 변경을 할 수 있는데 당장은 만질 일이 없을 것이다. '연락처' 메뉴에서는 자주 거래하는 지갑 주소를 북마크 해둘 수 있다. 매번 지갑 주소를 입력하기 귀찮기도 하고 잘못 입력했을 경우 엉뚱한 곳으로 가상 자산을 보낼 수 있으니, 추후에 자주 거래하는 주소가 생긴다면 유용하게 쓸 수 있다. 네 번째 메뉴인 '보안 및 개인정보 보호'에서는 가입 시 적어두었던 비밀 복구 구문을 다시 확인할 수 있다. 혹시라도 복구 구문을 잃어버렸다면 여기서 다시 확인할 수 있다.

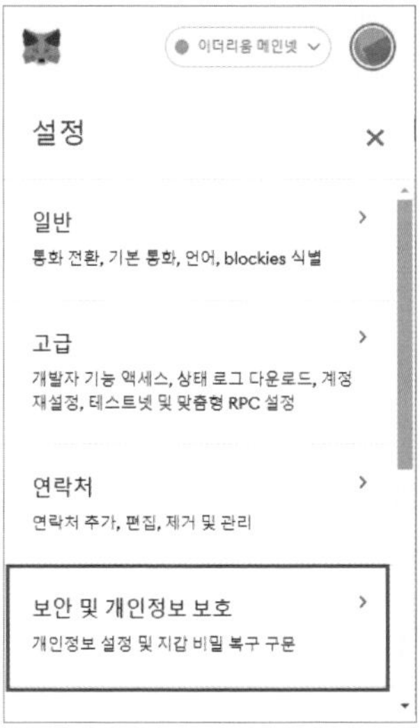

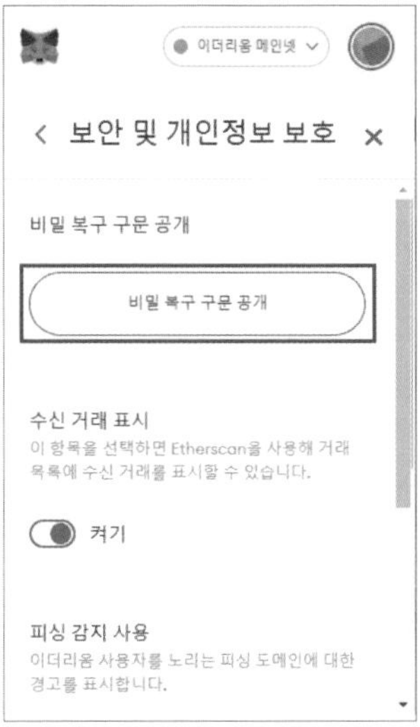

모바일 메타마스크

모바일 상에서 NFT 마켓이나 웹3 사이트에 접속하고 거래하기 위해서는 앱스토어에서 모바일 메타마스크 앱을 다운로드해서 설치해야 한다. 모바일 메타마스크에서 '계정 가져오기'를 눌러 PC에서 생성한 지갑의 '비밀 복구 구문'을 입력하면 PC와 동일한 지갑을 모바일에서도 활용할 수 있다. 모바일 메타마스크에서는 NFT를 지갑에서 바로 확인할 수 있는데, 기본 세팅에서는 보이지 않는다. 좌측 상단의 메뉴를 누르고 설정을 선택한 뒤 보안 및 개인 정보 보호에 들어가면, 가장 아래쪽에 오픈씨의 API를 활성화시키는 항목이 있고, 그 아래 NFT 자동 탐색 기능이 있다. 이것을 모두 켜주면, 메인화면의 NFT 탭에서 내 NFT를 확인할 수 있다. 참고로 모바일에서도 ERC-1155 계열, 주로 에디션으로 여러 장 발행된 NFT는 아직 지원하지 않는다.

도표 2-26 • **모바일 메타마스크 NFT 설정 방법**

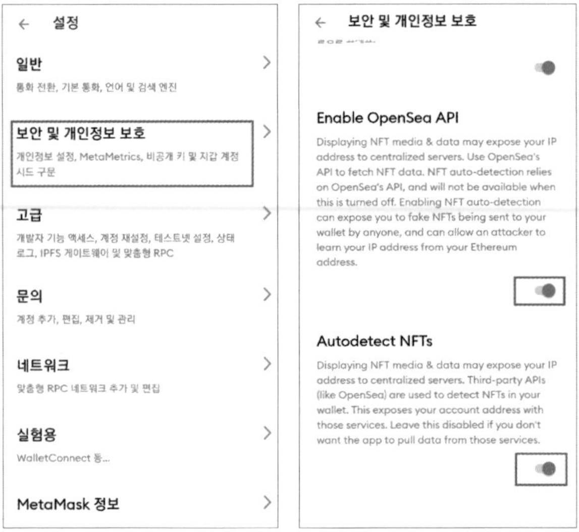

출처: 앱스토어

다만, 입문자라면 아직 지갑을 관리하는 게 익숙하지 않은 만큼 특별한 이유가 없다면 초반에는 PC에서만 사용하는 것을 추천한다. 혹시라도 내 폰에 해킹 프로그램이라도 깔린다면 지갑의 보안이 위험할 수도 있다. 나의 경우 메인으로 활용하는 지갑은 개인 PC에서만 쓰고, 서브로 활용하는 지갑은 모바일과 연결해서 사용한다.

암호화폐 거래소를 알아보자

지갑이 마련되있으니 이제 암호화폐를 준비할 차례다. 국내에서 원화로 암호화폐를 구입할 수 있는 곳은 업비트, 빗썸, 코인원, 코빗이 있다(2022년 3월 기준).

각 거래소의 수수료와 연결 은행을 알아보자.

도표 2-27 • **거래소별 원화 거래 수수료, 이더리움 출금 수수료, 연결 은행(2022년 2월 기준)**

거래소	원화 거래 수수료	이더리움 출금 수수료	연결 은행
업비트	0.05%	0.018ETH (약 63,126원)	K뱅크
빗썸	0.25%	0.01ETH (약 35,070원)	NH농협은행
코인원	0.2%	0.02ETH (약 70,140원)	NH농협은행
코빗	0.15%	0.01ETH (약 35,070원)	신한은행

추가로 한 가지 이슈가 더 있는데, 2022년 3월 25일부터 특정금융정보법상 자금이동규칙 즉, 트래블 룰travel rule이 적용됨에 따라 가상화폐 거래소의 외부 지갑 이동에 제약이 생겼다. 당분간 국내 거래소에서 개인 지갑으로의 직접 전송은 다소 복잡해질 전망이다. 관련해서는 거래소별로 방법이 다르고 계속 달라지고 있으니 각 거래소별 공지사항을 잘 체크해

보기 바란다.

다만, 이더리움 출금 수수료가 약 6만 3,000원이다. 이더리움은 앞으로도 계속 필요할 텐데 매번 6만 3,000원씩 지출해야 한다면 그 부담이 너무 클 것이다. 그래서 많은 작가들은 해외 거래소를 경유하는 방법으로 수수료 문제를 해결하고 있다.

FTX 거래소를 경유하여 이더리움을 저렴하게 전송하기

내가 알고 있는 가장 경제적인 이더리움 전송법은 아래와 같다.

❶ 국내 거래소에서 필요한 액수의 트론(TRX) 코인 구입
❷ 구입한 트론을 해외 거래소 FTX의 지갑으로 전송(출금 수수료 1TRX(약78원), 2022년 2월 기준)
❸ FTX에서 트론을 이더리움으로 전환(수수료 없음)
❹ 이더리움을 메타마스크로 출금(출금 수수료 0.0005 이더리움(약 1,486원), 2022년 2월 기준)

이렇게 하면 총 소요비용 1,564원으로, 국내 거래소에서 바로 전송하는 것에 비하면 거의 6만 원을 절약할 수 있으니 조금 번거롭긴 하지만 충분히 해볼 만한 가치가 있다. 게다가 앞으로 계속 암호화폐 관련 활동을 한다면 해외 거래소 계정 하나 정도는 만들어 두는 게 편할 때가 많다.

그런데 왜 트론TRX을 쓰지?

트론은 블록체인 기반의 엔터테인먼트 산업을 구축한다는 목적으로 만

들어진 암호화폐다. 이더리움 네트워크에서 작동하는 토큰으로 시작했지만 지금은 자체 메인넷이 있다. 트론은 전송 수수료가 매우 저렴해서 지갑과 지갑 사이의 자금 이송용으로 많이 활용된다. 비슷한 용도로 쓰이는 다른 코인으로는 리플XRP, 이오스EOS가 있다. 2022년 2월 현재 업비트 기준으로 트론의 전송 수수료가 가장 싸서(약 78원) 필자는 주로 트론을 활용한다.

도표 2-28 • **트론 로고 이미지**

출처: 트론

참고로 국내시장의 코인 가격이 해외시장의 코인 가격보다 지나치게 비싸지는 경우가 있는데, 이를 은어로 '김치 프리미엄'이라고 부른다. 간혹 어떤 이유로 트론의 김치 프리미엄이 지나치게 높다면 리플이나 이오스를 활용하는 것이 유리해질 수 있다. 그래서 '김프가(https://kimpga.com/)' 사이트에서 김치 프리미엄을 미리 확인하고 전송하는 사람들도 있다. 하지만 나의 경험상으로는 아직까지 의미 있는 차이를 느낀 적은 없다.

가스피 준비하기

1) 국내 거래소에 원화 입금하기

업비트 계좌는 K뱅크, 빗썸과 코인원은 NH농협은행, 코빗은 신한은행과 연결된다. 따라서 암호화폐를 사기 위해서는 원하는 거래소와 연결할 은행 계좌가 준비되어 있어야 한다. 이미 해당 은행에 계좌가 있다면 그 통장을 활용하면 된다.

국내 거래소 가입은 모바일과 PC에서 모두 가입할 수 있다. 가입과정에서 은행 계좌를 연결하게 된다. 가입이 완료되면, 메인 화면에서 '입출금' 탭을 눌러보자.

업비트와 빗썸의 경우, 나오는 자산 목록에서 '원화'를 선택하고 '입금하기'를 누르면 입금신청 메뉴가 나온다. 코인원의 경우 총 보유자산 옆에 '원화 충전' 버튼이 있다. 안내되는 절차에 따라 입금을 진행해 보자.

그런데 '첫 원화 입금 시 출금제한' 및 '24시간 디지털 자산 출금 지연' 제도가 있어서 아직은 자산을 외부로 보낼 수 없다. 이는 보이스피싱 등의 사기 피해를 방지하기 위한 제도이다. 특히 업비트의 경우 가입하고 첫 입금 이후로 72시간 동안은 자산 출금이 제한된다. 두 번째 원화 입금부터는 24시간 내에는 새로 입금한 원화 상당의 디지털 자산은 출금이 불가하다.

예를 들어 내 계좌에 100만 원이 있고 추가로 50만 원을 입금했다면, 입금 이후 24시간 동안은 기존의 100만 원만 출금이 가능하다. 애초에 잔고가 없었다면 24시간 동안은 1원도 출금할 수 없다. 따라서 원하는 타이밍에 이더리움을 쓰기 위해서는 출금 가능 시간도 고려해야 한다(출

금 제한에 관한 세부 조항들은 시기에 따라, 거래소에 따라 변경될 수 있으니 공지사항을 꼭 확인해야 한다).

일단 출금 가능 시간까지 기다려야 하니 그 사이에 FTX 거래소를 가입해 두자.

2) FTX 지갑 주소 준비하기

FTX는 거래량 기준 세계 3위의 암호화폐 거래소이다. 무엇보다 이더리움 출금 수수료가 매우 저렴하기 때문에 이더리움 전송용으로 활용하고자 한다.

가입은 어렵지 않다. 가입하는 과정에서 카메라를 통한 신원확인 과정이 있고 신분증을 촬영해서 보내야 한다. 나는 여권을 활용하였고 가입 완료되기까지 총 20분 정도의 시간이 걸렸다.

도표 2-29 • **FTX 거래소 메인 메뉴 화면**

출처: FTX 거래소: https://ftx.com

가입을 했다면, 메인 메뉴 중 두 번째 'Wallet' 메뉴로 들어가 보자. 수많은 자산의 목록이 보일 텐데 돋보기 버튼을 눌러서 'Tron' 또는 'TRX'를 검색하자.

도표 2-30 • **FTX 거래소 Wallet 화면**

출처: FTX 거래소

트론이 검색되면 DEPOSIT 버튼을 눌러 내 트론 지갑의 주소를 확인할 수 있다. 업비트에서 트론을 구입한 후 출금할 때 입력해야 하는 주소이니 복사를 해두자.

도표 2-31 • **FTX 거래소 Deposit 메뉴 화면**

출처: FTX 거래소

참고로 'WITHDRAW' 버튼은 다른 곳으로 보낼 때 쓰고 'CONVERT'는 환전할 때 쓸 것이다. 가장 오른쪽의 'LEND'나 'STAKE' 버튼은 디파이(DeFi, 탈중앙화 금융)를 위한 기능으로, 지금은 신경 쓸 필요 없다.

3) 국내 거래소에서 FTX로 트론 전송하기

도표 2-32 • **업비트 트론 검색 및 구매**

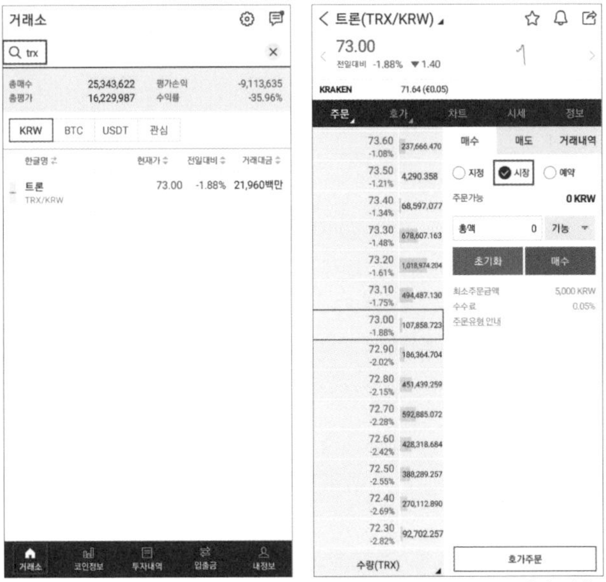

출처: 업비트

국내 거래소의 출금 제한 기간이 지났다면 이제 트론을 구입해서 FTX로 전송해 보자.

메인화면에서 '거래소'를 선택한 다음 트론 또는 TRX를 검색하자. 클릭하면 트론 거래화면을 확인할 수 있다. 주식거래를 해봤다면 쉽게 적응할 수 있을 것이다. 원하는 구입 가격을 적어서 구매해도 되지만, 가장 빠르게 구입하는 방법은 시장 가격으로 사는 것이다(코인원은 시장가 구입 기능이 없다).

원하는 양의 트론을 구입했다면, 다시 하단 메뉴에서 '입출금' 탭을 선택하고 트론을 클릭하면 트론의 입출금 창이 뜬다. '출금하기'를 선택하고 출금 수량을 입력한 뒤 '확인'을 누르면 출금 주소를 입력하는 창이 보

일 것이다. 이곳에 FTX에서 복사한 트론 주소를 붙여 넣고 출금 신청을 하면 된다.

도표 2-33 • 업비트에서 트론 출금하기

출처: 업비트

여기서 수취인 주소에 대한 인증 절차가 있을 수 있다. 보내는 곳의 지갑 주소와 거래소 이름(FTX)을 선택한 뒤 사진을 등록해야 한다. 첨부할 사진은 총 두 종류다. 첫 번째는 지갑 주소 + 신분증, 두 번째는 개인 정보 + 신분증이다. 화면과 함께 신분증을 사진으로 찍어서 인증을 해야 한다.

첫 번째 사진을 찍으려면 다시 'Wallet' 메뉴로 들어가서 트론을 검색하고 'Deposit' 버튼을 눌러서 지갑 주소를 화면에 띄운다. 그다음 내 신분증에서 주민번호 뒷 번호를 가린 채로 지갑 주소와 함께 사진을 촬영한다.

그다음 FTX 메인 화면 우상단의 설정 버튼을 누르면 내 프로필이 나오는데, 내 이름이 나온 부분 옆에 내 신분증(주민번호 뒷부분을 가린 채로)

을 손으로 들고 두 번째 사진을 찍는다.

도표 2-34 • **FTX 거래소 우상단 설정 버튼**

출처: FTX 거래소

이 두 개의 사진을 첨부하면 인증 절차가 진행된다. 인증 설차는 몇 분만에 끝나는 경우도 있고 몇 시간에서 며칠이 걸릴 수도 있다. 이는 거래소마다 사정이 다르니 미리 확인해 보자. 참고로 필자는 빗썸에 FTX 계좌를 인증 받는데 10분도 걸리지 않았다.

출금계좌 등록이 완료되었다면 다시 출금을 시도해 보자. 출금이 완료되어 FTX에서 확인하는 데 걸리는 시간은 대략 2~3분 정도다(네트워크 상황에 따라 달라질 수 있다).

4) FTX에서 트론을 이더리움으로 바꿔 메타마스크로 전송하기

도표 2-35 • **FTX 거래소 Wallet 화면**

출처: FTX 거래소

출금이 완료되면 'FTX Wallet'에서 트론을 확인할 수 있다. 이번에는 'CONVERT' 버튼을 눌러 이더리움으로 환전하자.

'From Coind'에서 TRON을 선택하고 'To Coin'에서 이더리움을 선택

한 다음 'Quantity'에 원하는 수량을 입력하면 자동으로 환전되어 생성될 이더리움 수량이 표시된다. 수수료는 들지 않는다. 하단의 'CONVERT'를 클릭하면 트론이 있었던 금액만큼의 이더리움이 생긴다.

도표 2-36 • FTX 거래소 WITHROW 화면

출처: FTX 거래소

이제 Wallet 창에서 Ethereum을 찾아서 'WITHROW' 버튼을 누르면 출금 신청 화면을 볼 수 있다. 나의 메타마스크 주소를 입력하면 Withrowal Method가 ETH로 바뀌고 수수료 정보가 표기되는데, 이 글을 쓰는 현재 기준 0.0005Eth가 소요된다고 나온다. 수수료는 FTX의 정책이 변경되면 바뀔 수 있으니 미리 확인하기 바란다.

문자 인증 버튼을 눌러 수신된 코드를 기입하고 'WITHROW'을 누르면 모든 절차가 끝난다. 2~3분 정도 후면 나의 메타마스크에서 입금된 이더리움을 확인할 수 있을 것이다(출금 전에 수수료도 확인할 수 있는데 이 글을 쓰는 현재 기준 0.0005 이더리움이 소요된다고 나온다).

이제 NFT 제작을 위한 가스피 마련 작업이 모두 끝났다!

도표 2-37 • FTX 거래소 WITHROW 화면

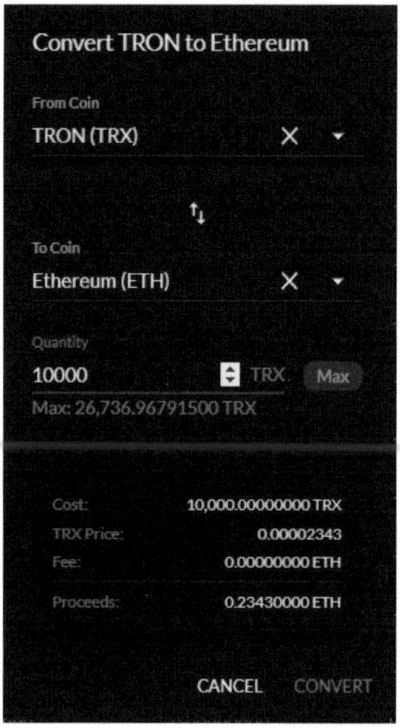

출처: FTX 거래소

도표 2-38 • FTX 거래소의 이더리움 출금 화면

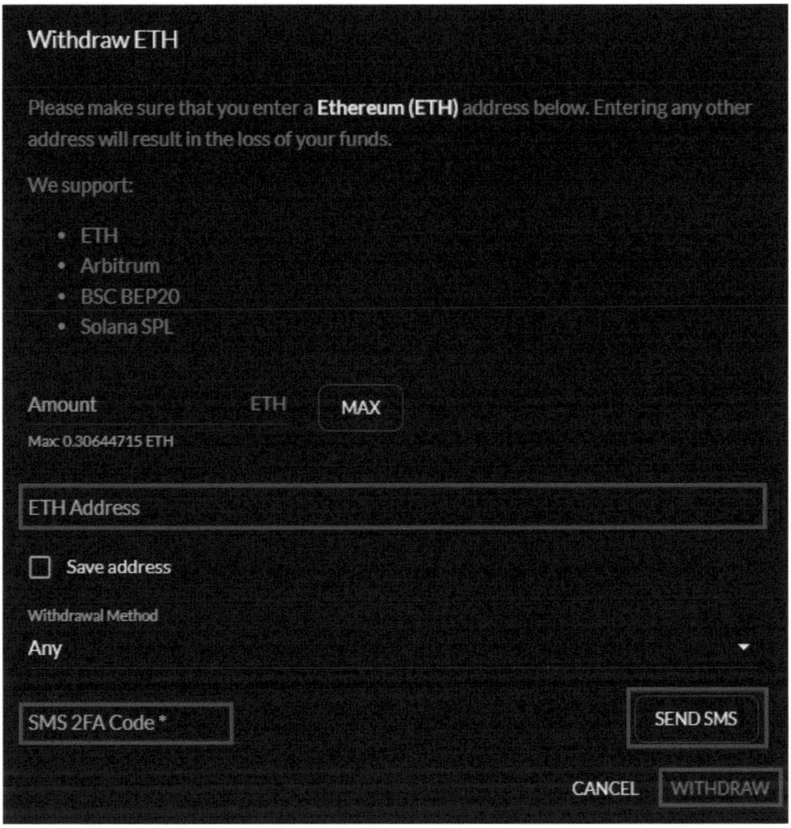

출처: FTX 거래소

오픈씨 기본 프로필 세팅하기

도표 2-39 • 메타마스크 지갑으로 오픈씨 연결하기

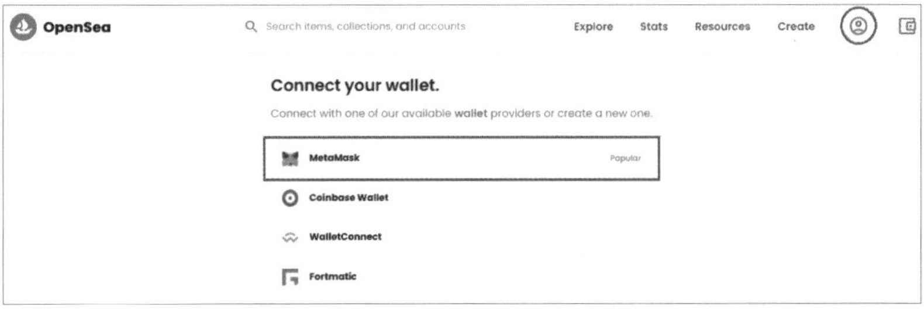

출처: 오픈씨

오픈씨는 별도의 가입절차 없이 지갑만 연결하면 바로 이용할 수 있다. 메인 화면 우측 상단의 'Account' 아이콘을 클릭하면 연결할 지갑을 선택하는 화면이 나온다. 여기서 Metamask를 선택하면 팝업창이 생성되는데, 원하는 지갑을 선택하고 '연결'을 클릭하면 오픈씨에 로그인이 완료된다.

도표 2-40 • **메타마스크 지갑 연결**

출처: 오픈씨

왜 '로그인'이 아니라 '지갑 연결'일까?

블록체인 기반의 웹사이트에 지갑을 연결한다는 것은 단순히 로그인의 의미만 있는 것이 아니다. 해당 사이트에 내 지갑에 대한 일정한 권한을 부여한다는 뜻이다. 어떤 권한을 부여할 것인지는 메타마스크 연결 팝업창에 표시된다. 오픈씨의 경우 '허용되는 계정의 주소보기' 권한을 부여해야 한다고 나온다. 그런데 간혹 악의적인 사이트에 접속하면 가상자산의 교환이나 전송 같은 권한 부여를 유도하는 경우가 있다. 항상 정상적인 사이트인지 확인하고, 연결할 때에도 권한 내용을 꼼꼼하게 확인하는 습관을 들이자.

이제 프로필을 꾸며보자. 프로필 이미지와 배너 이미지 영역을 클릭하면 바로 이미지를 넣을 수 있다. 트위터 계정을 만들면서 준비한 이미지를 그대로 활용해도 좋다.

상단 우측에 세팅 메뉴에 들어가면 보다 디테일한 프로필 설정 메뉴들이 있다(설정 창으로 들어가는 과정에서 지갑 서명 절차가 필요하다). 설정 메뉴에서 작가명, 작가소개, 이메일, 주요 링크들을 입력해서 프로필 세팅을 마무리하자.

도표 2-41 • **오픈씨 프로필 화면**

출처: 오픈씨

도표 2-42 • **오픈씨 프로필 세부 설정화면**

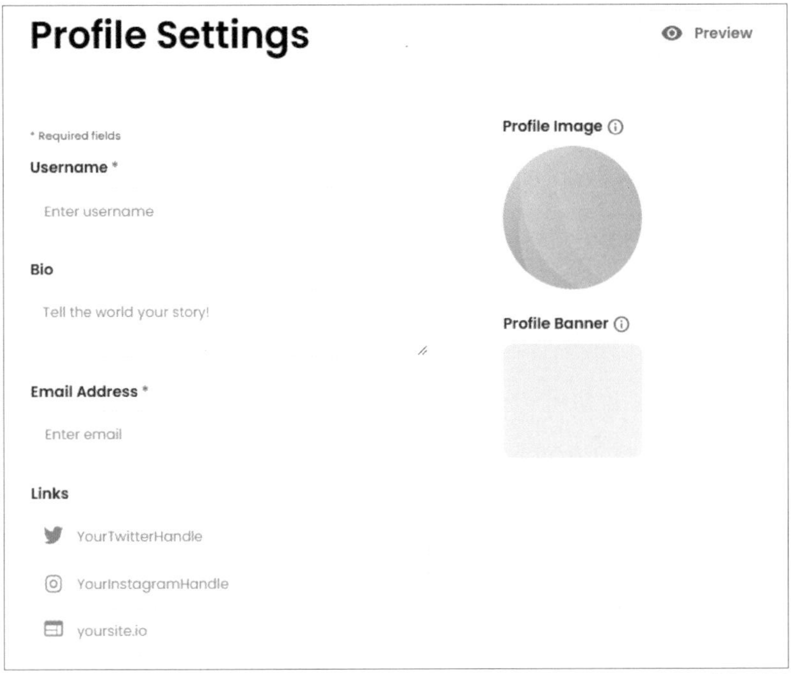

출처: 오픈씨

오픈씨 컬렉션 만들기

작품을 올리기 위해서는 먼저 컬렉션을 생성해야 한다. 오픈씨에서 모든 아이템은 하나의 컬렉션에 속해 있어야 하기 때문이다.

왜 굳이 컬렉션이 필요할까?

컬렉션은 작품들의 묶음이다. 컬렉션을 나누는 기준은 주제, 스타일, 시기 등등 본인 마음이다. 작품을 컬렉션으로 묶어서 정리해 두면, 컬렉션별로 설정을 바꿀 수도 있고 판매액도 별도로 관리할 수 있어서 편하다. 구매자 입장에서도 비슷한 계열의 작품을 한눈에 볼 수 있어서 좋다. 컬렉터들은 마음에 드는 작품이 있으면 비슷한 스타일의 작품을 더 수집하고 싶어 하는 경향이 있으므로, 컬렉션 단위로 보는 것이 편하다.

경우에 따라서는 하나의 컬렉션에 여러 아티스트가 참여하는 경우도 있다. 예를 들어 하나의 주제로 여러 작가가 각자의 작품을 만드는 프로젝트가 있다면 작가는 다르더라도 같은 컬렉션으로 묶어서 한 번에 볼 수 있도록 하는 것이 좋을 것이다.

새로운 컬렉션을 만들기 위해서는, 오른쪽 상단 내 계정 아이콘을 클릭하면 나오는 팝업 메뉴에서 'My Collections'를 선택하면 된다.

컬렉션 세부 설정은 이후에도 수정 가능하니 부담 없이 작성해도 된다. 중간 부분에 'Creator Earnings' 항목이 있는데, 이것은 2차 판매가 생겼을 때 최초 창작자가 받게 되는 로열티를 설정하는 곳이다. 설정하지 않고 넘어가면 2차 판매 수익금

도표 2-43 • 오픈씨 컬렉션 생성 메뉴 화면

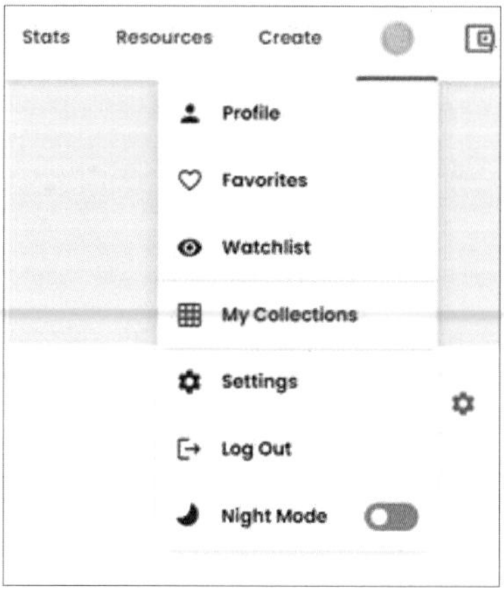

출처: 오픈씨

을 받지 못하니 주의하자. 일반적으로 10%를 많이 적는다. 항목을 입력하면 로열티를 받을 지갑 주소를 기입하는 창이 나오는데, 내 메타마스크 지갑의 주소를 복사해서 붙여넣기 하면 된다.

이더리움 NFT를 만들 예정이니 그 아래 'Blockchain' 항목은 기본값인 Ethereum으로 두면 된다. 지불 토큰Payment tokens역시 건드릴 필요가 없다. 항목들을 모두 기입한 뒤에 가장 하단의 'Create' 버튼을 클릭하면 생성이 완료된다.

도표 2-44 · **오픈씨 컬렉션 세부 설정 화면**

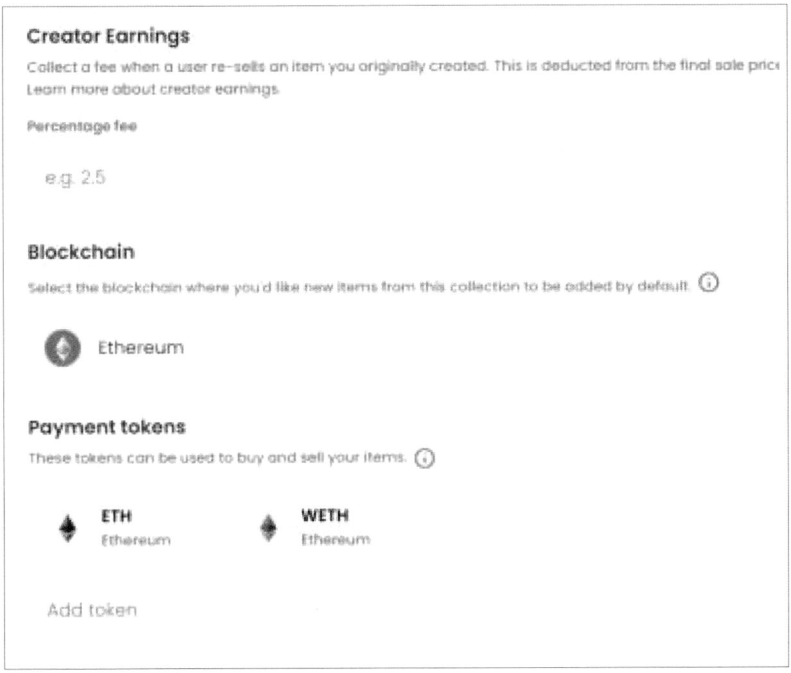

출처: 오픈씨

생성이 완료되었으면 컬렉션의 메인 화면을 확인해 보자.

도표 2-45 • **오픈씨 컬렉션 메인 화면**

출처: 오픈씨

크리에이터 개인 프로필 페이지와는 달리, 컬렉션의 메인 화면에서는 컬렉션의 아이템 개수, 소유자 수, 최저가, 전체 거래량을 한눈에 볼 수 있다. 화면의 우측 상단에 있는 연필 마크를 클릭하면, 컬렉션의 세부 설정을 수정할 수 있다. 그 옆에 있는 아이콘을 클릭하면 지금까지 수령한 2차 판매 수수료를 확인할 수 있다. 마지막으로 'Add Item' 버튼은 해당 컬렉션에 새 작품을 민팅하는 메뉴이다.

드디어 민팅! 작품을 업로드하자

❶ 가장 먼저 할 일은 작품을 업로드하는 것이다. 지원되는 포맷은 JPG, PNG, GIF, SVG, MP4, WEBM, MP3, WAV, OGG, GLB, GLTF 등이고 최대 용량은 100MB이다. 영상을 업로드할 경우 프리뷰 이미지를 추가하게 되는데, 짧게 준비한 GIF 파일을 추가하자.

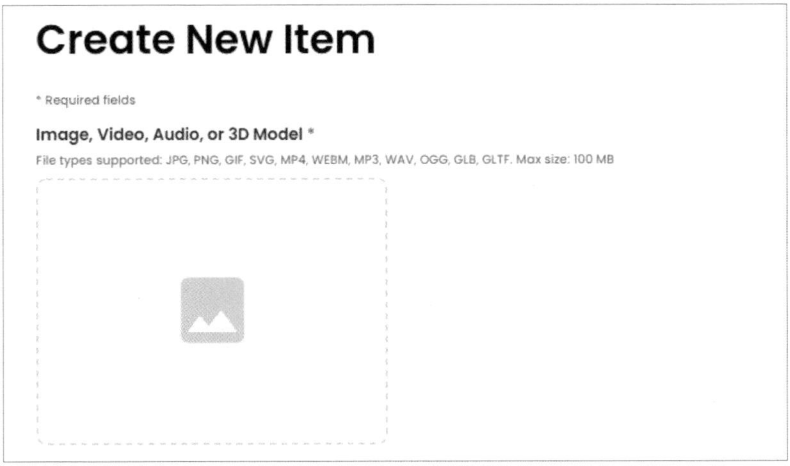

❷ 'Name'에는 작품의 제목을 기입하고, 'External link'는 작품과 관련된 외부 링크를 넣는다. 해당 작품에 대해 자세히 설명된 웹 페이지가 있다면 링크를 걸어두자. 없다면 넣지 않아도 무방하다. 'Description'에는 영어로 작품에 대한 설명을 자세히 기입하자. 'Collection'은 앞에서 생성해 둔 컬렉션을 선택하면 된다.

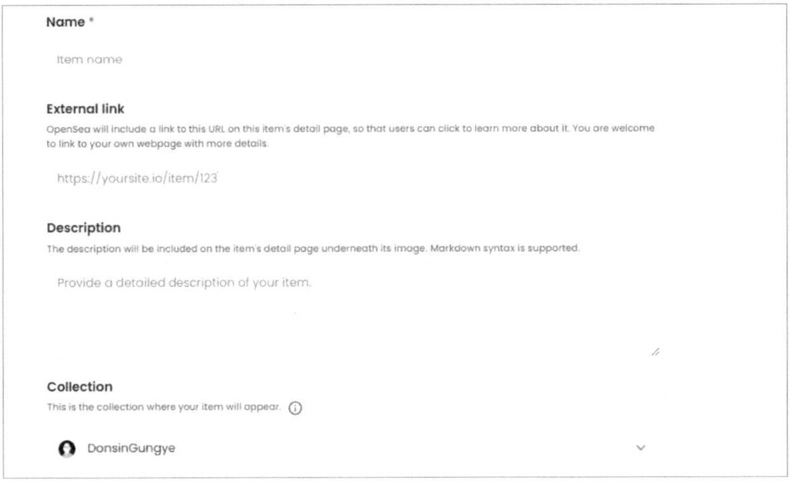

❸ 'Properties', 'Levels', 'Stats'는 주로 1만 개 정도가 한 번에 발행되는 PFP 프로젝트에서 각 요소별 희귀도를 나타내는 속성으로 쓰인다. 작품 수량이 많은 컬렉션에서 특정 유형의 작품들만 필터링해서 볼 수 있도록 해주는 라벨과 같은 용도로 쓰이기도 한다. 하지만 일반적인 NFT 아트 작업을 하는 작가들은 잘 설정하지 않는 항목이다.

'Unrockable Content'는 구매한 사람만이 볼 수 있는 비밀 문구를 넣는 항목이다. 작품의 원본 파일이나 보너스 선물 작품을 다운로드할 수 있는 구글 드라이브 링크를 넣는 작가도 있고, 숨겨진 사연이나 비하인드 스토리를 넣어 재미 요소로 활용하기도 한다. 하지만 흔히 쓰이는 기능은 아니니 특별히 첨부할 것이 없다면 굳이 신경 쓰지 않아도 된다.

'Explicit & Sensitive Content'는 선정적이거나 잔인한 콘텐츠인지 여부를 확인하는 항목이다.

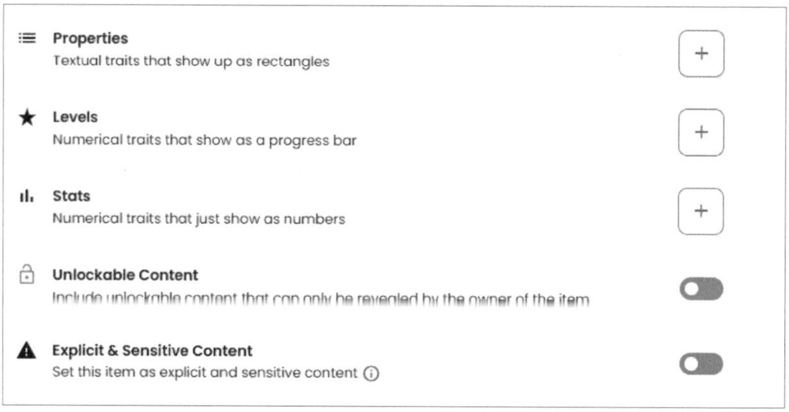

❹ 'Supply' 항목은 작품의 에디션을 설정하는 항목이다. 숫자를 입력하면 같은 NFT를 마치 판화처럼 여러 장 발행할 수 있다. 물론 작품의 에디션이 많으면 그만큼 작품의 희소가치가 떨어진다는 점은 감안해야 할 것

이다. 에디션 발행 자체에 의미가 있거나 여러 장 발행할 특별한 이유가 없다면 그냥 한 개만 발행하는 것이 좋다.

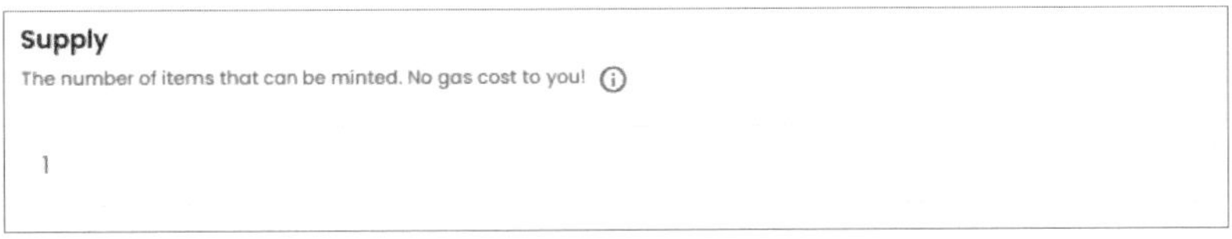

❺ 그런데 에디션 발행을 하고 싶어도 아마 해당 항목이 활성화되어 있지 않을 것이다. 이 항목을 활성화시키기 위해서는 현재 주소창의 주소 뒤에 '/?enable_supply=true'를 추가하여 엔터를 치면 된다. 그러면 하단의 Supply 입력칸이 활성화되어 있을 것이다. 이곳에 원하는 수량을 입력하자. 참고로 새로 고침을 하면 기존 내용이 사라지므로, 에디션 발행 여부를 먼저 정하고 시작하자.

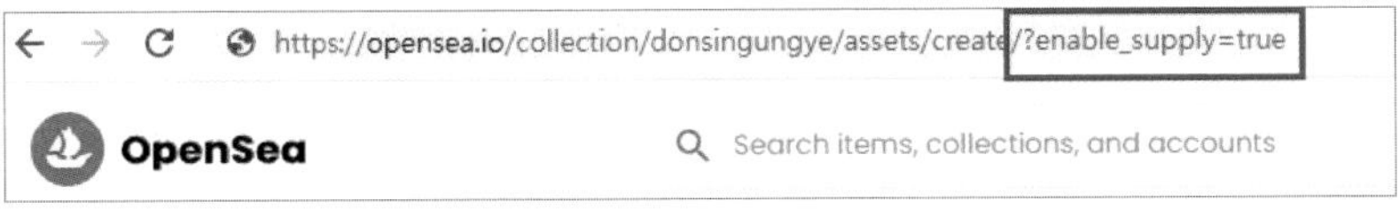

❻ 'Blockchain' 항목은 Ethereum으로 놔두면 된다.
'Freez metadata' 항목은 작품 정보를 블록체인에 기록해 고정시켜버리는 기능이다. 오픈씨는 기본적으로 작품이 팔리기 전까지는 작품 정보를 수정할 수 있다. 하지만 일부 컬렉터들은 자료나 정보가 변경되는 것을 방지하기 위해 'freez'된 것을 선호하는 경우가 있다고 한다. 작가 입장에서는 나중에 수정할 것이 생길 수도 있고, Freez 과정에서 가스피도 들기 때문에 잘 선택하지 않는 항목이다. 우리는 입문자니까 일단 지나가자.

이제 맨 아래 'Create'를 클릭하면 드디어 민팅이 마무리된다. 참고로,

민팅된 작품이 프로필에 반영되기까지는 몇 분 정도의 시간이 걸린다.

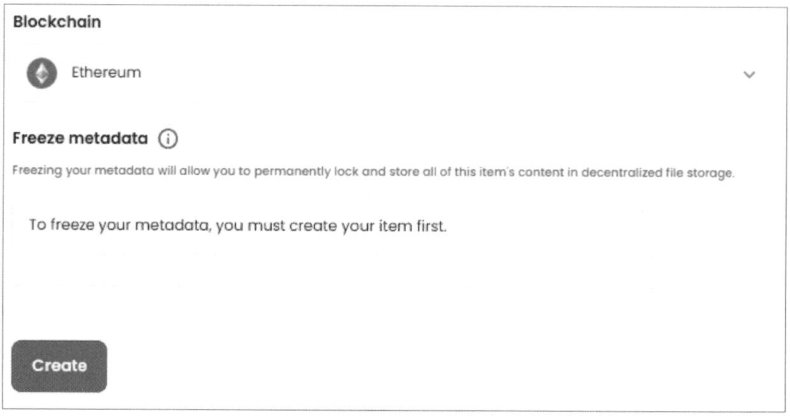

가스피는 언제 나가지?

오픈씨는 첫 리스팅 1회를 제외하고는 가스피가 들지 않는다. 그 이유는 작품을 올릴 때가 아니라 팔릴 때 블록체인에 기록되기 때문이다. 팔릴 때의 가스피는 구매자 부담이다. 팔리지 않았다면 블록체인에 기록된 것은 아니니 작품의 세부 내용을 수정하는 것이 가능하다. 다만 리스팅이 된 이후라면 다른 수정은 되지만 가격을 '올리는' 수정은 안 된다(가격을 올리고 싶다면 아이템을 삭제하고 다시 추가해야 한다).

이제 리스팅! 작품을 판매 등록하자

이제 작품을 판매가능 상태로 전환, 즉 리스팅Listing을 해보자. 민팅된 아이템을 클릭하면 우측 상단에 'Sell' 버튼이 있을 것이다. 클릭해 보자!

'Type'은 아이템의 판매 방식을 선택하는 메뉴로, '고정가 판매'와 '경매'가 있다. '고정가 판매'는 말 그대로 내가 가격을 정해 놓는 것이고, '경매'는 입찰자들의 경쟁에 의해 가격이 결정되는 것이다. 경매는 등록 과

도표 2-46 • 오픈씨에 작품 리스팅하기

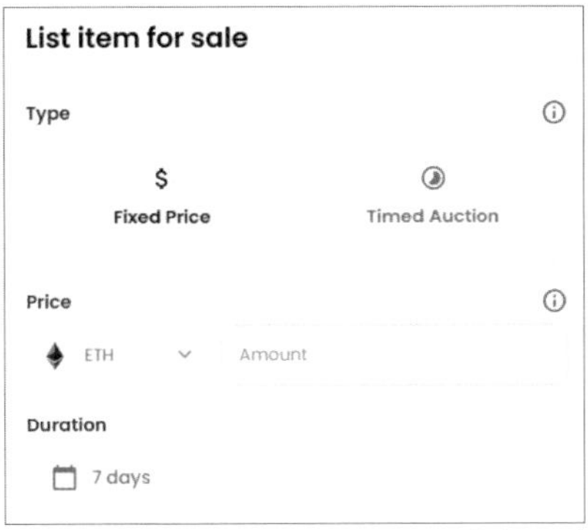

출처: 오픈씨

정에서 가스피가 필요하다. 오픈씨에서 이루어지는 대부분의 판매는 고정가 판매이다. 특히 입문자라면 경매보다는 고정가 판매로 시작하는 게 좋다. 참고로 '고정가 판매'로 설정해도 그 금액보다 더 싸게 사고 싶은 사람들이 더 낮은 가격으로 제안Offer 하는 경우가 있다. 이때 이 제안을 받아들일 경우에는 가스피를 판매자가 부담하게 된다.

판매 방식을 설정했으면 가격을 정해야 한다. 가격 책정은 고민이 많이 되겠지만, 정해진 원칙은 없다. 다른 작가들의 가격을 참고해서 스스로 정해야 한다. 몇 번 판매를 진행하다 보면 자기만의 기준이 생기기 마련이다. 이는 각자의 스타일이나 전략에 따라 달라질 것이다.

개인적으로, 아직 인지도를 쌓아둔 상황이 아니라면 상대적으로 저렴하게 올려서 판매 기록을 쌓아가는 것이 더 좋다고 생각한다. 그렇게 작품이 많이 팔리고 인지도가 쌓여가면 어느 사이 훨씬 더 높은 가격으로 2차 판매가 이루어지는 순간이 온다. 그러면 그다음 리스팅부터는 2차 판매된 가격 기준으로 작품을 올리게 된다. 비슷한 수준의 작품을 그보다 저렴한 가격에 올린다는 것은 기존 구매자들의 가치를 떨어뜨리는 게 될 수도 있기 때문이다.

'Duration'은 아이템이 판매 상태로 등록되어 있는 기간을 말한다. 최대 6개월까지 설정할 수 있으며, 기간이 지나면 다시 등록할 수 있다.

최종적으로 'Complete listing'을 누르면 판매 등록이 마무리된다.

내 작품을 알리자!

다양한 홍보 방법

NFT 아트, 특히 오픈씨에 작품을 올렸다면 내가 직접 홍보하지 않으면 아무도 내 작품의 존재를 알 수 없다. 작품 홍보는 내 작품을 사랑하는 컬렉터를 만나기 위한 여정이나 마찬가지다. 내 작품이 소리 없이 묻히기를 원치 않는다면, 작품 제작 못지않게 홍보에 노력을 기울여야 한다.

트위터

계속 강조했지만 트위터는 NFT 작가로서 모든 활동의 시작과 끝이다. 오픈씨 유입의 상당 부분이 트위터를 통해 이루어진다. 작품을 발행했다면 가장 먼저 할 일은 누가 뭐래도 트윗이다.

예고 트윗

발행 전에 기대감을 주기 위해 예고 이미지나 티저 영상을 만들어 트위터에 올리는 것도 좋다. 나의 작품을 주목하고 있던 컬렉터가 있다고 해도 나의 모든 활동을 체크할 수는 없기 때문이다. 예고 트윗을 보고 나의 존재를 처음 아는 컬렉터들도 있을 것이다.

작품 공유

도표 2-47 • **오픈씨 작품 공유 링크 생성**

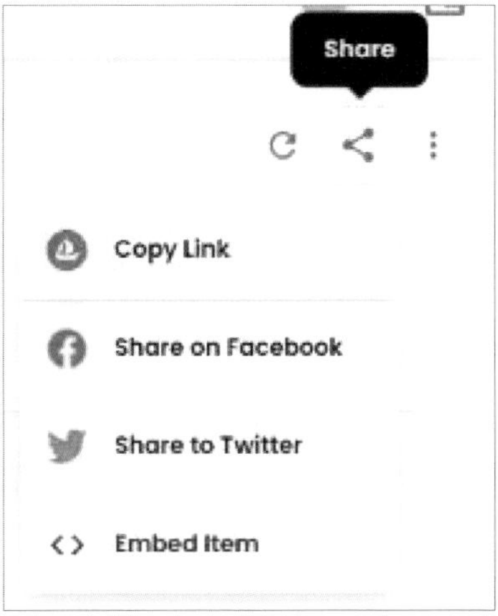

출처: 오픈씨

오픈씨에서 내 작품 화면의 우측 상단을 보면 'share' 버튼이 있다. 클릭하면 작품을 공유하는 다양한 옵션이 나오는데, 나에게 맞게 다양하게 활용하기 위해서는 그냥 'Copy link'를 선택하면 된다.

그런데 기본 링크는 URL이 너무 길게 생성된다. 트위터는 글자 수 제한이 있어서 URL이 너무 길면 하고 싶은 말을 충분히 하지 못할 수 있다. 그럴 경우에는 URL 단축 서비스에서 URL을 줄여서 활용하자.

트윗 내용 적기

트윗에 다른 미디어 콘텐츠 없이 작품 링크만 넣어도 작품 썸네일이 보인다. 하지만 리트윗이 되면 이미지가 보이지 않는 경우가 있다. 그러므로 트윗을 할 때는 링크만 첨부하지 말고 이미지나 영상을 별도로 첨부

하는 것이 좋다.

트위터에 적을 글귀는 활발하게 활동하는 작가들의 트윗을 참고하자. 어떤 트윗에 사람들이 반응하는지, 나와 비슷한 스타일의 작품들은 어떤 식으로 홍보하는지 리서치를 해보면 도움이 많이 된다. #NFTcommunity, #NFTart 등 NFT 작가들이 다는 해시태그도 꼼꼼히 달아보자.

트윗을 남긴 뒤 오른쪽 위에 있는 점 3개를 누르면 팝업 메뉴가 나온다. 여기에서 '내 프로필 메인에 올리기'를 누르면 해당 트윗이 내 트윗의 상단에 고정된다. 누군가 내 프로필에 들어오면 해당 트윗을 보고 바로 리트윗을 해줄 수 있다.

트윗 퍼뜨리기

트윗을 올렸다면 빠르게 작가 커뮤니티에 공유하자. 작가들끼리는 서로서로 리트윗을 해주는 문화가 있지만, 다들 바쁘기 때문에 신경 쓰지 못하고 지나치는 경우가 많다. 하지만 작가 커뮤니티 채팅방에 올리면 리트윗 숫자가 빠르게 올라가는 것을 볼 수 있다. 트위터는 리트윗을 타고 퍼지기 때문에 이는 매우 강력한 홍보 효과를 준다. 작가 커뮤니티 외에도 NFT 작품을 홍보하는 메뉴가 있는 카페, 게시판, 디스코드 등을 찾아다니며 열심히 퍼 나르자.

트위터 스페이스, 클럽하우스

트위터 스페이스나 클럽하우스에서는 작가나 컬렉터들이 모여서 작품에 대해 이야기를 나누는 자리가 많이 마련된다. 평소에 작품에 대한 스피

치를 준비하고 있다가 이러한 기회에서 발언을 해서 홍보하는 것도 좋은 전략이다. 실제로 이러한 상황에서 판매로 이어지는 사례도 많다. 국내 컬렉터보다는 해외 컬렉터의 숫자가 훨씬 많기 때문에 영어 스피치를 준비해 두면 큰 도움이 된다.

새롭게 NFT 작품을 공개한 작가를 조망하고 작품에 대한 이야기를 나누는 행사를 '드롭파티'라고 하는데, 이 또한 클럽하우스나 트위터 스페이스에서 많이 열린다. 평소에 다른 작가의 드롭파티 소식이 들리면 열심히 참가해서 이 문화에 익숙해지는 것이 좋다. 기회가 된다면 혼자, 또는 몇몇 작가들과 연합하여 직접 드롭파티를 열어보자.

메타버스

온사이버(https://oncyber.io/)는 나의 작품으로 VR 갤러리를 만들 수 있는 툴이다. 무료 가입만으로도 그럴듯한 전시 공간을 꾸밀 수 있다. 멋지게 꾸며서 트위터로도 자랑하고 나의 링크트리에도 추가해 두자.

도표 2-48 • YOG의 온사이버 갤러리

출처: 온사이버

메타버스 공간에서는 NFT 작가들의 활발한 전시활동이 이루어지고 있다. 본인의 메타버스 갤러리를 보유한 작가도 꽤 많다. 메타버스 전시에 참여할 기회가 생긴다면 적극적으로 참여하는 것이 좋다. NFT 전시가 열리는 주요 메타버스 플랫폼으로는 크립토복셀cryptovoxels, 디센트럴랜드Decentralland가 있다.

도표 2-49 • 'Mr. Misang'작가의 크립토복셀 갤러리

출처 : 크립토복셀

판매 이후, 컬렉터와의 관계

판매 홍보하기

작품이 팔렸다면, 작품의 판매를 알리는 트윗을 올리자. 작품이 판매되었다는 것은 나의 NFT 작품이 시장에서 인정을 받았다는 뜻이기에 널리 알려야 한다. 이러한 홍보로 인해 해당 시리즈의 다른 작품들까지 줄줄이 팔리는 경우도 있다.

감사 인사하기

내 작품의 가치를 알아준 컬렉터에 대한 감사 인사도 잊지 말아야 한다. 컬렉터에게 감사 인사를 전하면 컬렉터 역시 댓글이나 자신의 트윗을 통해 해당 작품에 대한 감상과 구매 이유 등을 남겨주는 경우가 많다. 나 역시 작품의 구매자가 내 감사 인사에 대한 화답으로 장문의 감상평을 남겨주어서 큰 감동을 받은 경험이 있다.

컬렉터와의 관계

NFT 아트의 특징 중 하나가, 작품 판매 이후에도 구매자와의 관계가 끝나지 않는다는 점이다. 모두들 트위터로 연결되어 있기 때문이다. 나는 그 구매자가 이후에 어떤 작품을 더 사는지 알 수 있고, 구매자 역시 내가 어떻게 작품 활동을 이어가고 있는지 바로 알 수 있다.

구매자 입장에서는 작가의 가치가 올라갈수록 작품의 가치도 올라가니 만큼 작가가 새로운 시도를 한다면 열심히 응원해 주곤 한다. 때로는 컬렉터가 작가에게 적극적으로 다음 작품에 대한 제안을 하거나 새로운 방향에서 인사이트를 주는 경우도 있다. 아티스트 입장에서는 그렇게까지 내 작품에 관심을 가져주고 다음 작업을 기대하고 있는 사람이 있다는 사실 자체만으로도 큰 힘이 된다. 실제로 많은 작가들이 컬렉터들에게 정기적으로 작품 활동 소식을 알리고, 그림 선물을 주기도 하는 등 좋은 관계를 유지하기 위해 노력하고 있다.

3장

NFT 작가의 사례와 이야기

해외 작가와 트렌드

비플의 작품 780억, 합당한 가격일까?

2021년에 가장 유명한 그림

NFT 아티스트 비플Beeple의 그림 〈Everydays: the First 5000 Days〉는 아마도 2021년을 통틀어 세계에서 가장 유명한 그림이지 않을까 싶다. 수많은 기사들이 NFT를 소개하며 비플의 그림을 내세웠지만 'JPG 파일 하나가 780억!'과 같은 자극적인 제목으로 클릭 수를 높이려 할 뿐, 작품을 깊이 있게 들여다보고 쓴 진지한 기사는 찾아보기 어려웠다. '비플'은 과연 어떤 사람이며 이 그림은 무슨 의미일까? 그는 왜 NFT를 시작했고 어떻게 그렇게 비싼 가격에 팔 수 있었을까?

비플의 Everydays 배경 스토리

비플은 마이크 윈켈만Mike Winkelmann이라는 아티스트의 필명으로, 80년대에 유행하던 장난감 이름을 따서 지었다고 한다. 게임을 만들고 싶었던 그는 대학에서 컴퓨터공학을 전공한 뒤 기업의 홈페이지를 만드는 일을 했다. 정규 예술 교육을 받지는 않았지만 언젠가부터 예술가의 꿈을 꾸게 되었다고 한다.

도표 3-1 • 〈EVERYDAYS: THE FIRST 5000 DAYS〉 비플

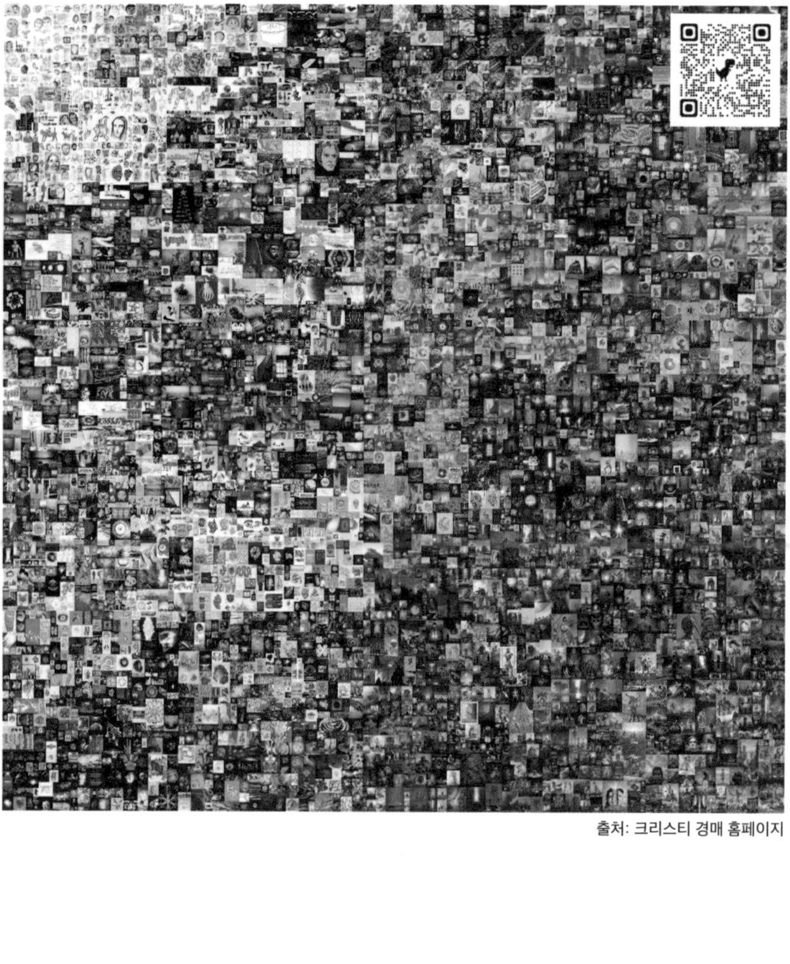

출처: 크리스티 경매 홈페이지

그러던 어느 날 그는 영국의 톰 주드Tom Judd라는 아티스트의 이야기를 접하게 되었다. 당시 톰 주드는 1년 동안 매일 드로잉을 해서 만든 'EveryDay'라는 프로젝트를 통해 큰 주목을 받았다. 이를 지켜보며 비플은 자신도 매일 이미지를 만들어서 SNS에 올려 보기로 결심했다.

도표 3-2 • **비플의 Everydays 시리즈 첫 번째 그림**

출처: 비플 홈페이지(https://www.beeple-crap.com/everydays)

그의 첫 그림은 2007년 5월 1일에 업로드되었다. 그에게 '우버 제이Uber Jay'라는 별명을 지어준 삼촌의 얼굴이었다. 초반의 그림들은 대체로 엉성한 느낌의 드로잉이지만, 그래도 나름대로 열심히 다양한 시도를 하며 스터디를 했던 흔적이 엿보인다. 그리고 1년이 지난 2008년부터는 시네마 4D라는 3D 프로그램을 활용하기 시작했다. 2010년의 몇 달간을 제외하고는 지금까지 계속 이 프로그램을 활용해서 이미지와 애니메이션을 만들고 있다.

그런데 그의 그림을 시간 순서대로 보고 있으면 퀄리티와 밀도가 갈수

록 올라가는 것이 느껴진다. 무려 14년이 넘는 세월 동안 매일같이 이러한 이미지를 제작해 왔으니 실력이 느는 것은 당연한 일일 것이다. 그는 식중독으로 몸져누운 날에도 작업을 계속했고, 심지어 본인의 결혼식 날과 두 아이가 태어나던 날도 빼먹지 않고 자정 전에 업로드를 끝마쳤다고 한다. 긴 세월 동안 자신과의 약속을 엄격히 지키며 계속해서 발전해 나가는 그의 모습은 SNS 상에서도 큰 반향을 이끌었고, 200만이 넘는 팔로어가 생겼다. 또한 루이비통, 스페이스 X, 애플 같은 거대 기업의 작업을 해주고, 저스틴 비버Justin Bieber, 아리아나 그란데Ariana Grande 등 슈퍼스타들의 콘서트 영상을 제작하는 등 커머셜 작가로서는 최고의 반열에 오르게 되었다.

하지만 이렇게 유명해진 뒤에도 그는 자신의 그림을 팔아서 돈을 번다는 것을 상상해 본 적은 없었다고 한다. '비플'이라는 이름은 SNS 상에서는 유명했지만, 미술계에는 전혀 알려지지 않은 이름이었고 무엇보다 그의 작업은 전부 디지털이기 때문이었다. 2020년 9월, 유명한 NFT 마켓인 니프티게이트웨이Nifty Gateway의 담당자가 그에게 먼저 연락을 보냈을 때도 비플은 그 메시지가 아티스트들에게 무작위로 보내지는 스팸 메시지라고 생각해 무시했다고 한다. 하지만 코로나 팬데믹으로 오랫동안 콘서트 작업 의뢰가 들어오지 않던 중에 그는 주변의 다른 디지털 아티스트들이 NFT를 통해 수익을 내고 있다는 소식을 접했고, 그때부터 NFT에 관심을 갖기 시작했다. 그리고 2020년 10월부터 본격적으로 NFT 작업을 시작했다.

그렇게 만든 첫 NFT 작품은 무려 66666.66달러(8,278만 원)에 팔렸다. 이후 21개의 작품을 더 팔아 350만 달러(38억 4,000만 원)를 벌었고, 〈크로스로드CROSSROAD〉라는 작품은 2차 판매로 이어져 50만 달러(5억 5,000만 원)를 더 벌어들일 수 있었다. 그가 NFT 시장에서 주목을 받자 세계

적인 경매회사 크리스티Christie's에서도 연락이 왔다. 이때 비플은 자신의 첫 5000일간의 그림을 하나의 모자이크로 제작한 작품 〈매일: 첫 5000일Everydays: the First 5000 Days〉을 판매하기로 했다. 250년도 넘은 전통의 경매회사에서 물리적 구성요소 없는, 디지털 파일로 된 그림을 경매에 부쳤다는 것도 엄청난 사건이지만 낙찰금액 또한 기록적이었다. 제프 쿤스Jeff Koons의 〈벌룬독Balloon Dog〉, 데이비드 호크니David Hockney의 〈예술가의 초상(두 사람이 있는 수영장)Portrait of an Artist (Pool with Two Figures)〉에 이어 생존 작가 중 세 번째로 높은 가격인 6,900만 달러(830억 원)에 팔렸다.

비플의 가격은 거품일까?

이 가격은 정말 터무니없는 가격일까? 물론 NFT 가격에 다소 거품이 끼었다는 것에는 비플 본인을 포함하여 많은 사람이 동의하고 있다. 하지만 그렇다고 해도 흔한 신문기사 제목처럼 그저 'JPG 한 장'이라고 표현해도 되는 작품일까? 겉보기에는 조각보 같은 알 수 없는 이미지처럼 보이지만, 확대해서 보면 비플의 작품 5,000개가 모여 있는 작품인 것이다. 게다가 한 무명 디지털 아티스트가 13년간의 끈기와 노력을 통해 세계적인 아티스트로 성장하게 된 스토리도 담겨 있다. 사실 그의 초창기 그림은 기술력이나 완성도가 떨어지는 습작 수준이 많으며, 최근의 몇몇 작업물은 철학적 깊이가 얕거나 편협한 시각이 드러난다는 지적을 받기도 했다. 비플은 자신의 부족함을 인정하고 부끄러워하지만 그래도 있는 그대로 드러내고 싶어 한다. 그가 만일 완벽한 작품만 만들려고 했다면 5000일 동안 하루도 빠짐없이 작품을 이어나갈 수 없었을 것이고, 이만큼 성장할 수도 없었을 것이다. 역설적이게도 결국 그의 불완전성이 이

작품을 완성시키는 가장 중요한 요소가 되었다.

또한 이 작품은 'NFT'라는 새로운 경제 개념의 등장을 상징하는 작품으로 남을 것이다. 먼 훗날 NFT가 등장하던 시기에 대한 이야기를 다룰 때 과연 이 그림을 빼놓고 설명할 수 있을까? 그런 점에서 이 작품의 역사적인 의미도 상당할 것으로 생각한다.

사실 그림의 적정 가격을 정한다는 것은 애초에 불가능한 일이다. 그림이란 생필품이 아니라 기호품이자 투자 상품이기 때문이다. 기호품은 누군가에게는 매우 귀중하지만, 누군가에게는 아무 의미 없게 받아들여지기도 한다. 예를 들어 박찬호 선수의 싸인볼은 야구팬에게 굉장히 귀한 것이지만 야구 문외한에게는 그냥 야구공일 뿐이다. 귀금속이나 명품백, 비싼 양주도 마찬가지다. 그 가치를 인정하는 사람에게는 한없이 귀하지만 보기에 따라서는 그냥 이유 없이 비싼 돌덩이, 이유 없이 비싼 가방과 술일 뿐이다. 강남의 아파트는 또 어떤가? 지방 소도시의 아파트와 같은 재료, 같은 구조로 된 아파트라 할지라도 그 가격 차이는 어마어마하다. 집 역시 원가나 주거공간으로서의 가치보다는 수요와 공급에 따른 투자가치에 따라 가격이 결정되기 때문이다. 마찬가지로 비플의 그림 또한 누군가는 'JPG 파일 한 장' 또는 '국제적 사기'라고 평하겠지만, 보기에 따라서는 '시대상을 날카롭게 반영하는 작품집'이자 '한 유명 아티스트의 드라마틱한 성장 스토리가 담긴 역사적인 기록'이다. 나아가서는 'NFT 시대의 도래를 상징하는 기념비적 작품'이고 '미래에 그 경제적 가치가 더욱 커질 것이라고 여겨지는 투자자산' 이라고 받아들여질 수 있다.

NFT계의 뱅크시, PAK의 작품이 비플보다 비싸게 팔린 이유는?

28,983명이 함께 구매한 1115억 원짜리 작품 〈머지Merge〉

NFT 아트 중에서 가장 비싸게 판매된 작품은 앞에서 소개한 비플의 〈매일: 첫 5000일〉이라고 알고 있는 사람들이 많이 있을 것이다. 하지만 그 기록은 2021년 12월에 'PAK'이라는 이름의 작가에 의해 깨지고 말았다. PAK의 〈머지Merge〉의 판매액은 무려 9,180만 달러, 한화로 약 1,115억 원에 달하는 금액이다. 이는 피지컬 아트를 통틀어 생존 미술작가의 옥션 판매액 순위 1위로 알려진 제프 쿤스Jeff Koons의 〈토끼〉(9,107만 5,000달러)보다도 높은 액수다. 생존 작가 중 판매액 1위 작품 랭킹 순위가 바뀐 것이다.

도표 3-3 • **PAK의 〈머지〉 드롭 홍보 이미지**

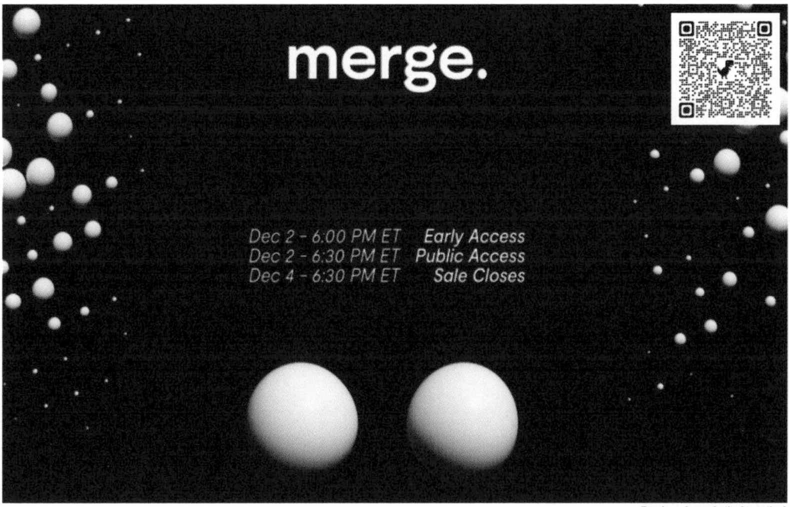

출처: 니프티게이트웨이

이 작품의 개념은 우리의 상식을 뛰어넘는다. 이 작품은 28,983명의 구매자가 31만 2,686개 조각으로 나누어서 구매한 것이다. 한 사람이 여러 조각의 '머지'를 구매하면 질량이 큰 하나의 '머지'로 합쳐진다. 그래서 이름이 '머지Merge'인 것이다. 또한 NFT를 소각하면 그 대신 ASH라는 코인을 받게 되는데, ASH 코인은 다시 NFT의 구매에 사용될 예정이다. 그 외에도 여러 신기한 기능들과 새로운 개념들이 가득한 작품이다.

이미지는 지루하다

PAK은 예술의 가치 기준에 대해서 끊임없는 질문을 던진다. 한 인터뷰에서 그는 예술이 이미지에 집중하고 보여지는 것으로 판단된다는 것이 지루하다고 말했다. 그에게 '이미지'란 파일의 수많은 메타데이터 중 하나일 뿐이다. 너무 흔해서 자기 예술의 재료로 쓰기에는 흥미가 돋지 않는다는 말이다. 그가 가장 즐겨 사용하는 재료 중 하나는 '스마트 컨트랙트smart contract' 즉 스마트 계약 그 자체이다. 특유의 복잡한 판매 방식과 상호작용 속에 PAK만의 미학과 메시지가 담겨있다. 그리고 구매자는 기꺼이 PAK이 만들어 놓은 게임에 참여하며 작품의 일부가 되기를 즐긴다. 어찌 보면 이것이야말로 진정한 '크립토 아트'라고 할 수 있지 않을까?

어산지 DAO가 PAK의 작품을 580억 원에 구매한 까닭은?

2022년에도 PAK은 줄리안 어산지Julian Assange를 지원하기 위해 만든 '센소드Censored(검열)' 프로젝트로 큰 화제를 모았다.

줄리안 어산지는 아프가니스탄과 이라크 전쟁 관련 미국 정부 기밀문

서를 폭로하여 유명세를 탄 위키리크스Wikileaks의 창업자로, 2019년 4월부터 2022년 2월 현재까지 영국 런던의 벨마시 교도소에 수감되어 있다. 미국 정부는 영국 법원에 미국 송환을 금지한 판결에 대해서 항소를 했는데 2심의 재판 끝에 승소했다. 이에 대한 어산지 측의 항소는 기각되었다. 어산지 측 변호인단의 주장에 따르면, 그가 그대로 미국에 송환될 경우 최장 175년의 징역형을 받을 수 있다고 한다.

어산지 DAOAssange DAO는 줄리안 어산지의 석방을 돕는 기금을 마련하기 위해 설립된 탈중앙화 자율 조직이다. 그런데 이 어산지 DAO가 2022년 2월, 한화로 무려 580억 원 가까이 하는 금액을 들여 PAK의 최신작 〈클락Clock〉을 구매했다. 그리고 PAK은 그 수익금 전액을 어산지의 석방을 지원하는 단체 '워 홀랜드 재단'에 기부했다. 어산지 DAO는 왜 모금액을 바로 재단에 기부하지 않고 PAK의 NFT를 통해서 전달해야 했을까? 그 해답은 어산지 DAO의 모금액 그래프를 보면 알 수 있다.

도표 3-4 • **어산지 DAO 모금액 추이**

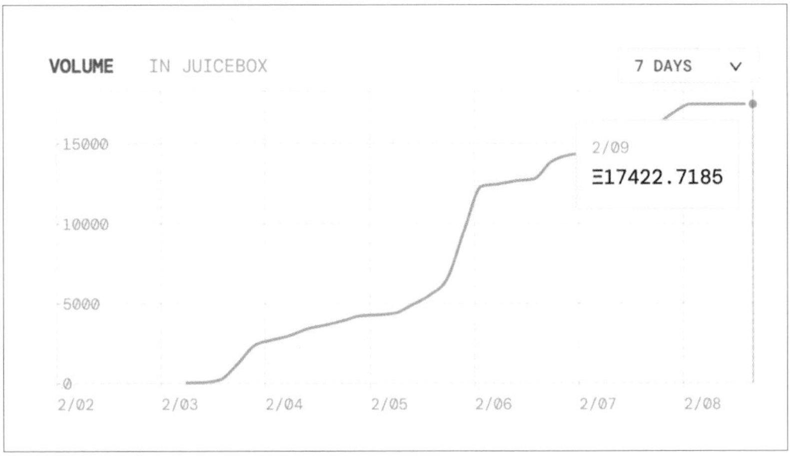

출처: https://juicebox.money/

그래프를 보면 2월 5일에 모금액이 3배 이상 급등한 것을 알 수 있다. 이 시점이 PAK이 트위터를 통해 '센소드' 시리즈 두 작품의 드롭을 발표한 시점이다.

당시 PAK은 마침 '자유'를 테마로 한 실험적인 작업을 준비 중에 있었고, 어산지 DAO는 자신들의 모금을 홍보할 이벤트가 필요했다. 결국 이 작업은 PAK의 새로운 예술적 실험이면서, 동시에 어산지 DAO 모금의 홍보 프로젝트였던 것이다.

'센소드' 시리즈의 첫 번째 작품 〈클락〉은 줄리안 어산지의 수감 기간이 실시간으로 반영되도록 만든 작품이다.

두 번째 작품인 〈검열[Censored]〉은 48시간 동안 누구나 각자의 메시지를 NFT로 발행할 수 있도록 한 참여형 작품이다. 두 번째 작품에는 29,765개의 메시지가 모였고, 약 234억 원이 모였다. 이 작품의 수익금은 '정보의 자유', '디지털 개인정보 보호', '동물권리단체' 등을 위해 기부하기로 했다.

도표 3-5 • 또 다른 세계적인 작가 XCOPY가 참여한 〈Censored〉 작품

PAK은 얼굴도, 본명도, 성별도, 개인인지 팀인지도 알려지지 않았다. 협업 상대와의 통화에서도 음성 변조된 목소리를 쓴다고 한다. 그가 밝힌 것은 자신이 블록체인 초기 투자자이며 오랜 경력의 디자이너이고, 성이 PAK이라는 사실뿐이다. 그는 자신의 작품이 자신의 얼굴이나 이름의 이미지에 방해를 받지 않고 작품 자체로 기억되었으면 하는 바람 때문에 신원을 공개하지 않는 것이라고 밝힌 바 있다.

정체를 드러내지 않고 활동한다는 점은 스트리트 아티스트Street Artist 뱅크시Banksy를 연상시킨다. 새로운 시도를 통해 사회적인 메시지를 전달하고 기존의 가치와 질서에 질문을 던진다는 지점도 비슷하다. 기존 미술 시장에서 벗어난 방식으로 표현을 한다는 점, 그럼에도 불구하고 경매 시장에서 어마어마한 가격으로 팔린다는 사실 또한 그렇다.

다만 트위터 계정을 만들어 놓고 전혀 활동하지 않는 뱅크시와는 달리, PAK은 트위터를 통해 매우 활발하게 소통하고 있으며 작품 활동도 왕성하다. 테슬라의 일론 머스크와는 최근 협업을 암시하는 트윗을 주고받았고, NFT 아티스트 비플은 트윗을 통해 PAK에게 감사 인사를 건네기도 했다. 비플이 NFT를 잘 모르던 시절에 PAK이 비플에게 많은 도움을 주었다고 한다. 여러분도 PAK의 트위터를 팔로우 하면 실시간으로 그의 소식을 접할 수 있다.

국내 작가 인터뷰

김그륜 작가

인스타그램 ID: kimgryun | 트위터 ID: ytok1030
이메일: kimgryun@gmail.com | 홈페이지: www.g-ryun.com

Q. 간단한 소개 부탁드립니다.

안녕하세요, 저는 모션 그래퍼와 NFT 작가로 활동하고 있는 김그륜이라고 합니다. 현재는 모션 그래퍼로 영화나 드라마의 타이틀 시퀀스Title

Sequence를 만들고, NFT로는 제 다양한 상상력을 디지털 작품으로 만들어서 현재 '슈퍼레어SuperRare'라는 플랫폼에서 활동하고 있습니다.

Q. 작가님의 작품 세계 또는 대표작(혹은 시리즈)을 소개해 주세요!

제 제네시스Genesis 민팅인 〈어시메트리 타이틀Asymmetry Title〉이 제 대표작입니다. NFT를 시작하기 전에 모션 그래퍼로 활동하면서 알게 된 세계탑 모션 그래퍼들과 함께 온라인 단체전을 하기 위해 만든 프로젝트가 비대칭Asymmetry이고, 이 전시회를 알리기 위해 초대장처럼 만든 타이틀 시퀀스가 바로 〈Asymmetry Title〉입니다. 전시회는 예정보다 미루어져서 아직 오픈하지 않았지만, 앞으로 15명 이상의 실력 있는 작가님들의 작품을 온라인을 통해 보실 수 있게 됩니다.

도표 3-6 • **김그륜 〈Asymmetry Title〉 스틸컷**

출처: 슈퍼레어

Q. 작가님 작품 중 최애작은 무엇인가요?

〈반 고흐Van gogh〉 작품을 제 최애작으로 뽑고 싶습니다. 이 작품은 제가

너무나도 좋아하는 반 고흐의 두 작품을 3D로 합쳐서 만든 짧은 영상작품입니다. 사실 제작할 당시에는 아쉬운 부분이 많았는데, 작품이 나오고 나서 많은 분이 좋아해 주셔서 제가 생각하는 부분(퀄리티)보다 더욱 중요한 것은 결국 공감과 아이디어라는 사실을 깨닫게 해준 프로젝트입니다.

도표 3-7 • **김그륜 <Van Gogh> 스틸컷**

출처: 슈퍼레어

Q. NFT 진입 시기는 언제쯤이며 어떤 계기로, 어떤 경로로 시작하게 되셨나요?

2019년 12월쯤이었어요. 저는 미국에 사는 친구 얀Jan Sladecko의 집에 놀러 갔었죠. 얀은 제게 다른 사람의 NFT 작품을 보여주면서 얼마면 이 정도를 만들 수 있을 것 같냐고 물어보았어요. 그때 저는 NFT를 처음 접하게 되었습니다. 퀄리티가 그다지 높지 않은 간단한 영상이라 가격이 비싸지 않아 보였는데, 그 작품이 1억 원 가까이 되는 금액으로 판매되었다면서 심지어 판매된 작품의 소유권은 제작가가 갖는다는 어려운 이야기를 들었습니다. 그때 당시는 '그게 무슨 소리지?' 하고 넘어갔는데 2020년 1월

에 비플이 자신의 NFT 작품을 고액에 팔게 되었다는 소식을 듣고는 관심이 생겼습니다.

제가 모션 그래픽을 시작하게 된 계기는 비플의 작품 때문이었어요. 그래서 그에게 상당히 감사한 마음이 있었지요. 당연히 비플은 제가 가장 존경하는 아티스트이기도 합니다. 이번에도 비플 덕분에 나도 'NFT'라는 걸 할 수 있지 않을까 하는 생각이 강하게 들었습니다.

비플의 뉴스가 퍼진 이후 모션 그래퍼들이 NFT에 진출하고 있었고, 저도 마침 시작하려던 찰나에 시작이 좋은 아티스트와 시작이 좋지 않은 아티스트들이 눈에 보이기 시작했습니다. 저는 조금 더 전략적으로 접근할 필요가 있다고 생각하고 그 이유에 대해 분석했지요. 그런 다음 4월쯤 슈퍼레어에 아티스트로 등록되고, 5월에 제 첫 제네시스 작품을 올리게 되었습니다.

Q. 주로 활동하는 NFT 작가 커뮤니티가 있으신가요? 있다면 소개 부탁드립니다.

지금은 작품 활동에 집중해서 따로 커뮤니티 활동을 활발히 하고 있지는 않습니다. 코리안 NFT와 리드미컬 NFT 클럽의 단톡방에 들어가서 작가님들 활동하는 소식만 접하고, 클럽하우스에서 코리안 NFT 작가님들과 이야기를 나누기도 합니다.

Q. 첫 작품 리스팅부터 첫 판매까지는 얼마나 걸렸나요?

첫 작품을 민팅하고, 이틀 내에 비딩bidding 끝에 작품을 판매했습니다. 저는 전략적으로 접근했습니다. 접근하기 전부터 작품을 민팅한다는 트레일러 영상과 홍보를 체계적으로 진행했지요. 그 당시 다른 모션 그래퍼들이 제 작품을 홍보해 주었고, 자신의 작품을 구매한 컬렉터들에게도

제 트레일러를 홍보해 준 덕분에 빠른 판매가 이루어진 것 같습니다.

Q. 작품 제작 주기는 어느 정도인가요?

5~15초 정도의 간단한 루핑Looping 작품은 1년에 2개 정도 만들고, 1분 이상의 작품은 한편 정도 만들고 있습니다. 현재는 영상작품을 넘어서 인터렉션Interaction이 가능한 새로운 장르의 작품을 만들고 있고, 곧 3월 26일에 있을 모션 플러스 디자인 세미나에서 작품을 선보이려고 합니다. 저는 작품을 빠르게, 여러 개를 만들기보다 다음 작품에는 그전보다 더 발전하는 작품이 되었으면 하는 마음에 항상 시간을 더 투자합니다. 짧은 영상은 1~2개월 정도 잡고, 긴 작품은 3개월부터 1년까지도 잡고 있습니다. 현재 진행하고 있는 비대칭Asymmetry 전시회는 큰 기획물이라 그 이상까지도 잡고 있습니다.

Q. 주로 사용하는 제작 툴은 무엇인가요?

3D 영상은 주로 시네마 4D를 이용하고, 후반 작업으로 애프터 이펙트After effects를 사용합니다. 요즘에는 새로운 장르인 인터렉티브Interactive 3D 아트워크artwork를 만들고 있어서 언리얼 엔진Unreal Engine도 함께 사용하고 있습니다.

Q. 주로 어떤 마켓플레이스에서 활동하시나요?

현재까지는 슈퍼레어에서만 활동하고 있습니다. 제 작품 특성상 1 대 1이 더 잘 어울릴 것 같아서 항상 희소한 작품만 선별하는 특징이 있는 슈퍼레어에서만 활동합니다. 앞으로 조금 세분화된 작품을 만들게 될 경우에는 오픈씨나 다른 플랫폼도 고려하고 있습니다.

Q. 작가님만의 판매 비결이 있으시다면 살짝 공개 부탁드립니다.

그 부분은 제가 만든 NFT TIP 사이트에 모두 담아 놓았습니다. 판매 비결이라는 건 저도 아직 잘 모르긴 하지만, 제가 가장 중요하게 생각하는 것은 제 작품이 다른 작품들과 '차별성'이 있어야 한다는 것이기에 항상 최상의 '퀄리티'를 내기 위해 노력하는 것입니다.

그다음에 NFT로 활동하면서 가장 크게 느끼는 것은 '브랜딩'과 '마케팅' 능력이라고 생각합니다. 이 부분은 제가 너무나도 부족한 부분이기 때문에 아직도 잘하고 있는 아티스트들의 마케팅을 하나하나 보면서 배우고 있습니다. 특히 디케이Deekay 님의 기획적인 작품 활동은 매번 감탄하고 있습니다. 소셜 네트워크 관리뿐만 아니라 디스코드 채널, 오픈씨 기획, 카카오톡 단톡방 등 여러 가지로 활동하시고 각 플랫폼의 특징을 잘 살려서 활동하고 계십니다. 앞으로는 이렇게 마케팅과 브랜딩으로 자신의 작품 세계관을 확장하고 누구나 이해하기 쉽게 관리하는 것이 중요해지지 않을까 생각합니다.

Q. 기억에 남는 컬렉터가 있으신가요?

저는 컬렉터들과 지속해서 소통하고 있는데, 어떻게 컬렉터가 되었는지 어떠한 활동을 하고 있는지 그리고 제 작품을 좋아한 이유를 물어보고 있습니다. 그래서 제 작품을 구매한 모든 컬렉터와 많은 이야기를 하고 작품 외에도 이 새로운 세상을 어떤 식으로 그려나가고 있는지 많이 배우고 있습니다.

Q. 작품 활동 중 가장 행복했던 순간은 언제였나요?

저는 매번 제 작품을 열심히 만들고, 작품을 공개할 때 사람들의 반응을

볼 때가 가장 즐겁습니다. 제 이야기를 공감하고 본인의 이야기와 연결되는 것만큼 저에게 가장 큰 행복은 없는 것 같습니다.

지금 하고 있는 인터렉티브 아트워크도 이런 맥락에서, 제 작품을 보고 단순히 감상만 하는 게 아니라 직접 참여할 수 있는 형태를 만들고 싶었습니다. 제가 작품 활동을 하는 게 단순히 제 이야기만 하는 것이 아니라 제 작품을 보고 난 사람들의 이야기도 궁금했기에, 그 부분을 살리기 위해 또 새로운 형태의 작품을 만들고 있습니다.

그 외에도 저는 제 아이디어를 작품으로 만드는 순간 자체를 즐기고 있습니다. 가끔 제가 생각한 것보다 잘 나올 때 더 재미있고 흥미롭기도 합니다. 상상력을 표현하다 보니 그 상상력에 또 다른 상상력이 더해지는 기분이 작품 활동을 할 때의 큰 즐거움인 것 같습니다.

Q. 작품 활동 중 가장 힘들었던 순간은 언제였고 어떻게 해결하셨나요?

없습니다! 저는 작품 활동을 할 때가 가장 즐겁고, 사람들과 각자의 작품 이야기를 하면서 행복을 많이 느끼고 있습니다. 슬럼프가 와도 열심히 노력하면 극복할 수 있다는 마인드이고 해도 해도 안 나오면 '다음부터 잘하면 되지' 하는 긍정적인 마인드로 지내고 있어서 딱히 힘들다고 생각한 기억은 없습니다.

Q. KOREAN NFT TIP 페이지는 어떤 계기로 만들게 되셨나요?

제가 NFT 아티스트로 들어오는 과정에서 많은 아티스트들의 도움이 있었습니다. 그리고 저 역시 능력이 많은데 시작과 전략이 잘못되어 성공하지 못한 아티스트들을 보면서, NFT 작가로 들어오는 건 정말 전략적으로 해야 하고 그 중요성을 주변 사람들에게 알려주고 싶었습니다. 처음

에는 한 명 한 명 이러한 팁을 공유하다가 더 많은 사람에게 편하게 알려 주기 위해 웹페이지를 제작하게 되었습니다. 제가 받아온 많은 도움만큼 저도 많은 도움을 주고 싶은 생각으로 제작했습니다.

도표 3-8 • **김그륜 작가의 KOREAN NFT TIP 웹페이지**

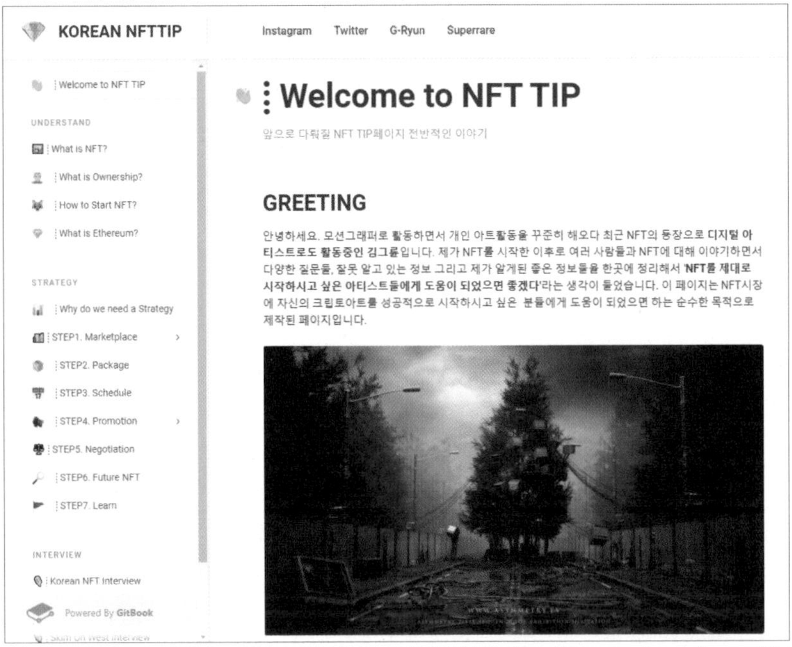

*KOREAN NFTTIP 페이지 주소- https://kimgryun.gitbook.io/koreannfttip/

Q. 〈퀀텀 트리Quantum Tree〉는 첫 구매자에게 디스플레이를 함께 보내주셨는데 반응은 어땠는지, 앞으로도 계획이 있으신지 궁금합니다.

〈퀀텀 트리〉 작품을 구매한 Han 컬렉터와 작품 기획을 진행해 준 모션플러스디자인 대표 Kook과 함께 온라인 미팅을 했습니다. 그때는 실물 작품을 받기 전이라 작품에 대해서만 이야기했지요. 상당히 마음에 들어 하셨고 자신이 기획하고 있는 프로젝트에도 함께 진행하고 싶다고 확

도표 3-9 • **김그륜 〈Quantum Tree〉 스틸컷**

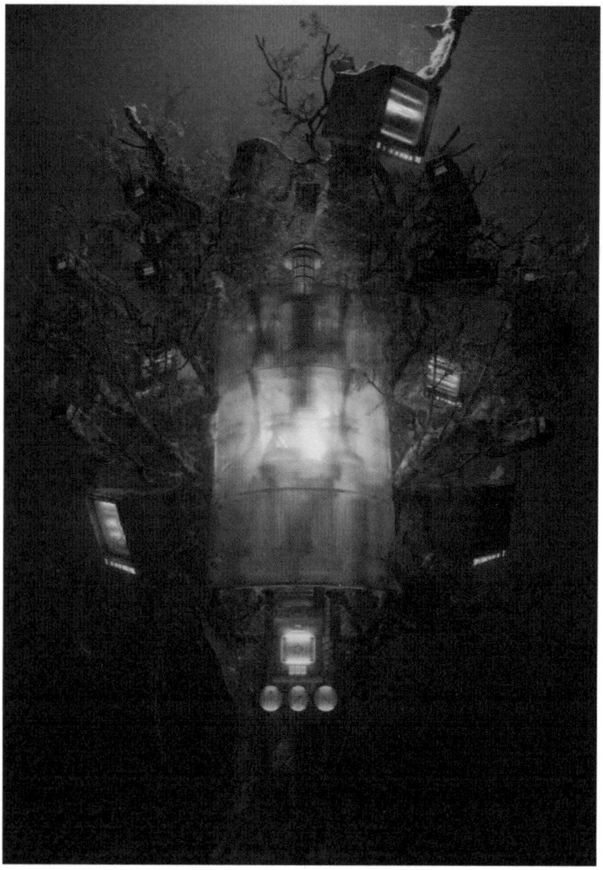

출처: 슈퍼레어

장적인 작품 활동을 제안해 주셨습니다(크립토 큐브Crypto Cube라는 한 컬렉터가 진행하고 있는 프로젝트가 있습니다). 실물 디스플레이를 받는 모습은 따로 인스타를 태그 걸어서 보여주셨지요. 앞으로는 이렇게 유명 컬렉터와 아티스트 분들과 함께하는 그룹전에 참여해서 짧은 길이의 작품들로 참여할 계획이고, 조금 긴 영상이나 혹은 새로운 포맷의 아트워크로 개인 작품 활동을 진행하려고 합니다.

도표 3-10 • **김그륜 〈The Thinker〉 스틸컷**

출처: 슈퍼레어

Q. 현업에서의 활약도 대단하신데 NFT 작업의 비중은 어느 정도이신가요?

현재 엘라스틱Elastic이라는 회사에서 정직원으로 재택근무 중입니다. 업무가 끝나고 난 후 NFT 작품을 진행하고 있지요. 사실 원래 제 취미가 모션 그래픽 아트워크였는데, NFT가 등장하면서 자연스럽게 제 취미를 더 많은 사람에게 알려줄 수 있는 계기가 되었습니다. 어떻게 보면, 워라밸이 제 회사 작업과 NFT 작업 비중의 밸런스가 되는 것 같아요.

Q. 현업에서는 어떤 업무에 집중하고 계신가요?

현업에서는 타이틀 시퀀스 디자이너로 활동하고 있는데, 현재 근무 중인 엘라스틱은 제가 한국에 있을 때부터 가장 일하고 싶었던 회사였습니다. 타이틀 시퀀스 회사로 가장 큰 명예의 상은 에미상Emmy Award에서 'Outstanding Title sequence'를 받는 일인데, 이 상을 목표로 열심히 작업하고 있습니다. 엘라스틱은 매년 7개의 노미네이트에 리스팅listing되고, 작년에는 5개의 작품을 올렸습니다. 올해 회사 작품도 열심히 해서 꼭 에미상에서 상을 타고 싶습니다.

Q. 앞으로의 NFT 작품 활동 계획을 알고 싶습니다.

앞서 질문에서 거론한 것처럼 인터렉티브 아트워크interactive artwork로 확장하려 하고 있습니다. 특히 3월 26일 LA에서 있을 모션플러스디자인 세미나에서 제 첫 인터렉티브 프레젠테이션 발표가 있을 계획이고, 이 발표를 NFT로 판매할 계획입니다. 세계 최초의 3D 인터렉티브 프레젠테이션으로, 현장의 관객과 소통해서 실시간으로 변하는 프레젠테이션을 기획하고 있습니다. 발표 내용은 온라인을 통해서 누구나 감상하실 수 있습니다.

Q. 최근 NFT 시장에 대해서 기대되는 점이나 우려되는 점이 있으신가요?

NFT 시장은 점점 더 커지고 많은 사람들이 들어오고 있습니다. 진입장벽도 낮아지고 누구나 쉽게 작품 활동을 할 수 있습니다. 따라서 작가 입장에서는 다른 사람들과 차별성 있는 작품 활동을 하는 게 중요하다고 생각합니다. 다양한 아티스트의 새로운 작품들이 너무나도 기대됩니다. NFT의 등장으로 작품의 발전도 동시에 이루어지고 있는 게 보여서 앞으

로 더욱 기대가 됩니다.

우려하는 점은 이러한 변화 속에 해킹과 사기 사례가 늘고 있다는 것입니다. 이런 사례들을 막기 위해서는 절대로 비밀 복구 구문을 다른 사람과 공유하지 않고, 따로 연락 오는 사람들의 신상이 확실하지 않으면 접근하지 않는 것이 중요합니다.

그리고 저는 NFT의 등장으로 많은 사람이 곧 망할 것이다, 혹은 더 잘될 것이다 이렇게 예측하는 소리를 많이 들었는데, 제가 직접 하면서 느낀 점은 정말 열심히 그리고 좋은 작품을 꾸준히 하고 있으면 NFT가 아니더라도 새로운 형태의 무언가가 생겨서 기회를 얻을 수 있다는 사실을 알게 되었습니다. 가장 중요한 건 내용이지, 그것을 담는 그릇이 아니라는 것이 제가 가장 크게 느낀 점이었습니다.

Q. 국내외 불문하고 최애 작가 한 분만 소개해 주세요.

도표 3-11 • 디케이 작가

https://deekaykwon.com

저는 디케이 님 작품에 상당히 경의를 표합니다. 퀄리티부터 완성도가 너무 좋고 동시에 마케팅과 브랜딩 능력 모두 뛰어나다고 생각합니다. 이런 결과로 작품의 인기도 점점 많아지고 팬들도 많이 생기고 있습니다. 디케이 님은 현재 컬렉팅 활동도 하고 계십니다. 저는 이렇게 작품의 퀄리티도 좋고, 브랜딩도 잘하는 아티스트들이 제가 추구하는 아티스트 활동에 가장 좋은 사례라고 생각합니다.

Q. 이제 막 시작하려는 작가분께 한마디 부탁드립니다.

자신이 만들고 있는 창작물을 세상에 공개하고, 그 작품을 수집하고 거래하는 것은 너무나 좋고 기대되는 활동이라고 생각합니다. 자신의 작품을 누군가 구매하고, 거래된다는 것은 그만큼 무게감도 더 따르는 일이기에 더욱더 열심히 준비해야 합니다. 무엇보다 자신의 작품을 너무 낮게 평가하지 않았으면 합니다. 자신감 있게 작품 활동을 하면서 부족한 부분을 채워 나가자는 마음으로 한다면 점점 발전하는 작가가 될 수 있다고 생각합니다. 판매 금액을 떠나서 앞으로 자신의 이야기와 세계관을 만들고 그것을 소통할 수 있도록 작품화하면서 많은 사람과 행복한 이야기를 나누는 아티스트가 되었으면 좋겠습니다. 이제 이 넓은 바다에 들어와서 서로서로 도우면서 더 큰 꿈을 향해 다 같이 나아가는 건전한 예술 활동을 하시기 바랍니다.

링크트리: https://linktr.ee/sandbang

Q. 작가님 간단한 소개 부탁드립니다.

NFT 분야 최초의 샌드 아티스트로 활동 중인 샌드방이라고 합니다.

Q. 작가님의 작품 세계 또는 대표작(혹은 시리즈)을 소개해 주세요!

제네시스 가든 시리즈, 더 모멘트 시리즈, 명작 시리즈, AI 아트 시리즈 등이 있습니다.

도표 3-12 • **샌드방 <Gustav Klimt's " kiss " seen from below> 스틸컷**

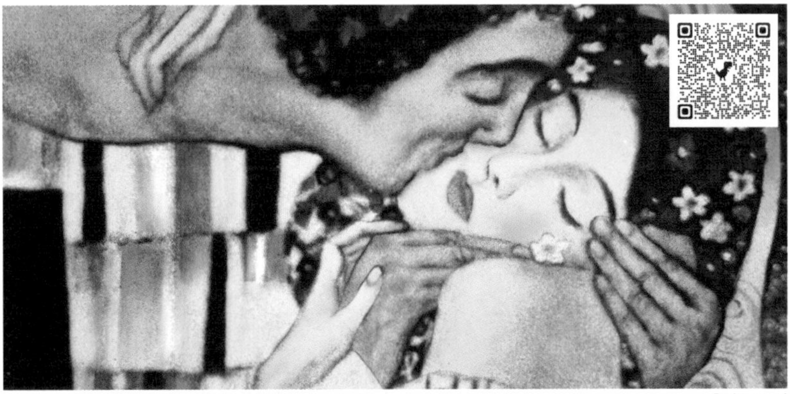

출처: 오픈씨

도표 3-13 • 샌드방 <The Moment-Gift> 스틸컷

출처: 오픈씨

Q. 작가님 작품 중 최애작은 무엇인가요?

다 자식 같아서 최애작을 고르기 어렵습니다.

Q. NFT 활동 이전에는 어떤 일을 하셨나요?

샌드 아티스트로 13년을 활동했고 그전에는 1998년부터 디자인 회사를 운영했습니다.

Q. 샌드 아트의 매력은 무엇인가요?

생명이 없는 모래(흙)로 그림을 그리고 빛으로 생명을 준다는 의미의 예술이라는 매력이 있습니다. 그리고 디지털(에펙After Effects, 파컷Final Cut, 프로크리에이트Procreate 등)을 만나 더욱 생동감이 커지고 다채로워졌다는 점도 매력입니다.

Q. NFT 진입 시기는 언제쯤이며 어떤 계기로, 어떤 경로로 시작하게 되셨나요?

이미 2021년 4월에 접했지만, 본격적인 활동은 8월부터 시작했습니다.

Q. 샌드 아트와 NFT의 조합이 정말 절묘하다고 생각합니다. 어떻게 푸셨나요?

과거 샌드 아트는 대체로 기업의 행사나 공연 퍼포먼스가 주류였습니다. 그렇기에 파인 아트, 피지컬 아트와는 다르게 작품이 남지 않습니다. 하지만 NFT를 만나면서 블록체인에 영원히 기록되게 되었고, NFT 마켓 판매를 통해 글로벌한 부가가치가 형성되었습니다.

Q. 주로 활동하는 NFT 작가 커뮤니티가 있으신가요? 있다면 소개 부탁드립니다.

클하 작가방이라는 카카오톡 모임이 있습니다. 그곳은 국내 NFT 아티스트 약 800여 명이 모여 서로를 응원하고 정보를 공유하는 커뮤니티입니다.

Q. 첫 작품 리스팅부터 첫 판매까지는 얼마나 걸렸나요?

리스팅 후 10분 이내였던 것으로 기억합니다.

도표 3-14 • 샌드방 <Lion> 스틸컷

출처: 오픈씨

Q. 작품 제작 주기는 어느 정도인가요?

평균적으로 1~2주에 한 작품 정도입니다.

Q. 주로 어떤 마켓플레이스에서 활동하시나요?

오픈씨와 파운데이션입니다.

Q. 작가님만의 판매 비결이 있으시다면 살짝만 공개 부탁드립니다.

컬렉터들과의 지속적인 소통입니다.

Q. 기억에 남는 컬렉터가 있으신가요?

네, 세계적 NFT 아티스트인 디케이 작가입니다. 슈퍼레어에서 이미 엄청난 탑 작가이신데 저의 첫 제네시스 드롭 작품인 〈라이언 킹〉과 파운데이션 작품 〈카리스마틱 타이거〉를 컬렉팅 하셨죠. 또 한 분은 컬렉터 Y 님이십니다. 저의 가장 최대 컬렉터이시고 매우 긴밀한 관계를 맺고 있습니다.

도표 3-15 • 샌드방 〈Charismatic Tiger〉 스틸컷

출처: 오픈씨

Q. 작품 활동 중 가장 행복했던 순간은 언제였나요?

최근이 가장 행복한 순간인 것 같습니다. 국내 최고 탑 작가들이 있는 '레이빌리지lay Villige' 팀에서 하정우 작가, 하지원 작가 등과 함께 '호령전'이라는 전시를 준비하고 있는 최근이 참 행복합니다.

Q. 작품 활동 중 가장 힘들었던 순간은 언제였고 어떻게 해결하셨나요?

네, 저는 계속 발전하고 변화하는 것을 좋아합니다. 그래서 모노톤이었던 샌드방 1.0에서 칼라톤인 샌드방 2.0으로 변화하는 과정까지 수많은 시행착오를 거치는 동안 정말 많이 고통스러웠습니다. 마치 독수리가 부리와 발톱을 탈바꿈하는 시기처럼 말이죠. 하지만 고통스러웠던 만큼 성장할 수 있었고 지금은 샌드방 3.0까지 왔습니다. 여전히 다양한 시도를 해 나가면서 변화를 꿈꾸고 있습니다. 제가 생각하는 예술의 또 한 축은 '감상하는 많은 사람들에게 새로운 예술을 체험시켜 주는 것이고 새로운 세상을 만나게 해주는 것'이라는 생각이 있기 때문입니다.

Q. 작가로서 정말 많은 성장을 하셨는데, 특별히 전환점이 된 포인트가 있으실까요?

'클레이락KlayRock' 소사이어티의 멤버가 되면서부터라고 생각합니다. 매우 소수정예의 프라이빗한 커뮤니티였고 대형 고래 컬렉터 분들이 많이 소속된 커뮤니티였기에 제가 멤버가 되면서 많은 응원을 받았고 그래서 더욱 성장할 수 있었습니다.

Q. 최근 진행하시는 AI 시리즈 소개 부탁드려요!

네, 잠시지만 메타샌드(샌드방 3.0)의 일환으로 진행한 다양한 도전의 한 축이었습니다. 메타버스 시대는 AI와 매우 밀접합니다. 아트는 인간의 전

유물로 여겨졌으나 최근 AI의 작품성을 보고 매우 놀라고 매료되었습니다. 그래서 어떻게 하면 샌드 아트와 AI 아트를 접목시켜 나갈 수 있을지 연구하는 가운데 실험적으로 만든 작품들입니다.

도표 3-16 • **샌드방 〈Van Gogh's living room〉 스틸컷**

출처: 오픈씨

Q. 현재 NFT 작품 활동 외에도 하는 일이 있으신가요? 있다면 어떤 일을 하고 계신가요?

지금은 NFT 작품 활동에만 전념하고 있습니다.

Q. 앞으로의 활동 계획을 알고 싶습니다.

업비트 NFT에 드롭이 예정되어 있습니다.

곧 PFP 프로젝트를 출시할 예정입니다. 한국의 '두들'이자 '쿨캣'이 될 프로젝트라고 감히 말씀드리고 싶습니다. 많은 관심 부탁드립니다.

Q. 최근 NFT 시장에 대해서 기대되는 점이나 우려되는 점이 있으신가요?

NFT가 좀 더 건강한 생태계로 인식되었으면 좋을 텐데, 너무 투기적인 시장으로 변하고 있고 매우 과열되고 있어서 조금 걱정됩니다.

Q. 국내외 불문하고 최애작가 한 분만 소개해 주세요.

디케이 작가입니다.

Q. 이제 막 시작하려는 작가분들께 한마디 부탁드립니다.

아직 NFT는 시작입니다. 어서 도전하시기 바랍니다.

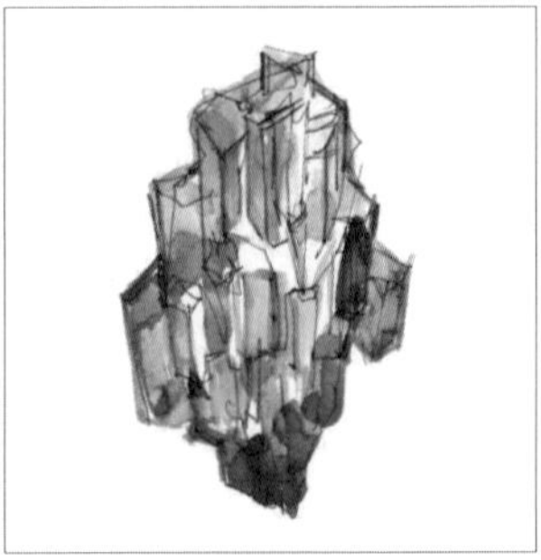

홈페이지: www.mojunseok.com | 인스타그램 ID: mojunseok
트위터 ID: @junseokmo | 링크트리: linktr.ee/mojunseok

Q. 작가님 간단한 소개 부탁드립니다.

안녕하세요. 저는 파리와 서울을 기반으로 활동하는 조형 예술가로 디지털 세계와 물리적 세계 양쪽에서 선line적 조형을 만듭니다. 비워진 내부 공간과 다양한 형태의 결합을 통해서 우리를 나누는 경계와 나와 타인의 공존에 대해 질문합니다. 국립현대미술관Art Bank, 아사쿠라 후미오 박물관, 포항시립미술관 등에 조각 작품이 소장되어 있으며, 7회의 개인전과 50여 회의 단체전에 초청되었고 파리에서 열린 제11회 Icart Artistik Rezo Prize에서 미술상과 관람객 상을 수상했습니다.

Q. 작가님의 작품 세계 또는 대표작(혹은 시리즈)을 소개해 주세요!

제 작업은 어린 시절 잦은 이사와 가족과 한방에서 살았던 기억부터 시작합니다. 그 후 기숙사, 군대 등 너와 나의 경계가 없는 공간에서 생활하며 맞닥뜨린 갈등과 문제의식은, 저에게 나와 다른 타자와의 공존이 가능한가에 대한 질문에 이르게 했습니다. 이러한 질문을 바탕으로 다양

한 외부의 구조물과 벽과 경계가 없는 내부의 공간을 통해 나와 타인의 경계, 공존에 대해 표현하고 있습니다.

저의 피지컬physical 대표작은 〈그 빛 아래, 2012〉입니다. 이 작품은 2012년 포항 스틸아트페스티벌에 초청되어 만들어진 작품입니다. 포항 북부 해수욕장을 배경으로 하여 작품이 설치되었고, 하늘과 바다가 작품의 배경이 되었습니다. 이 작품 이전에는 동선을 주요 재료로 사용했지만, 이 프로젝트를 위해 내구성과 외부에 놓일 것을 생각하며 동파이프라는 재료를 사용하게 되었습니다. 이때부터 보다 견고하고 규모가 큰 작품들을 만들게 되었습니다.

저의 디지털Digital 대표작은 〈Singular and plural(moving 3D), 단수와 복수 2021〉입니다. 저는 2021년 4월부터 VRVirtual Reality(가상현실) 드로잉 조각을 시작했는데, 5개월여 동안 색상과 형태 그리고 작품 스스로의 움직임에 이르기까지 디지털 조각이 표현할 수 있는 한계를 실험했고 이 작품은 여러 연구의 결과물입니다. 이 작품을 완성하고 더욱 다양한 방식의 표현 방법과 한계를 실험할 수 있겠다는 확신이 들었습니다.

Q. 금속 조형예술의 매력은 무엇인가요?

금속 조형은 주조의 방법 혹은 용접을 통한 방법으로 나눌 수 있습니다. 저는 용접으로 금속을 연결하여 작품을 만드는 기법을 이용합니다. 이러한 기법은 점잇기 방식으로 빠르게 작품의 형태를 만들어낼 수 있다는 점이 제게는 매력으로 다가옵니다. 금속이라고 하면 차가운 느낌이 들 수 있지만, 오히려 저는 빛과 열을 통과하며 만들어지는 용접 방식이 금속 조형을 따뜻하게 만든다고 느꼈습니다.

도표 3-17 • **모준석 <그 빛 아래, 2012>**

출처: 저자 제공

도표 3-18 • **모준석 <Singular and plural(moving 3D), 2021>**

출처: 파운데이션, AR

Q. 작가님의 NFT 작품 중 최애작은 무엇인가요? 그리고 그 이유는요?

저는 〈The way to meet you (3D), 너를 만나는 길 2021〉이 떠오릅니다. 2021년 7월, NFT 플랫폼 중 하나인 파운데이션에서 AR Augmented reality(증강현실) 기능이 가능하도록 업데이트했습니다. 저는 AR을 통해 작품을 불러오는 공간 또한 작품의 부분이 될 수 있다고 생각했고, 그 이후 작품의 형태를 만들기 전에 작품을 설치할 공간을 미리 고려한 후 작품을 제작하게 되었습니다. 그 첫 번째 공간은 프랑스 파리의 상징인 에펠탑이었습니다. 사각뿔 형태의 에펠탑에 대칭하여 그 위에 설치할 계획으로 역삼각형 형태로 작품을 구상했고, 에펠탑과 저의 작품을 연결한다는 의미로 내부에 원형 계단을 놓았습니다. 실제로 에펠탑 앞에서 AR을 통해 이 작품을 설치하고 촬영했습니다. AR 기법을 통해 에펠탑과 저의 작품이 한 공간에 설치되는 실험을 하게 된 의미 있는 작업이었습니다.

Q. NFT 진입 시기는 언제쯤이며 어떤 계기로, 어떤 경로로 시작하게 되셨나요?

2021년 2월부터 시작된 클럽하우스 대화방에서 이소연 작가님을 통해 처음으로 'NFT'라는 단어를 듣게 되었습니다. 그 후 선우진 님이 지속적으로 클럽하우스 방을 열어주시고 NFT에 대한 소개를 해주셨습니다. 호기심으로 시작하여 열심히 설명을 들었지만 민팅, 블록체인, 드롭 등 생소한 용어들을 이해하는 데는 시간이 필요했습니다. 더구나 저는 10년 이상의 작품 활동 기간 동안 디지털을 전혀 사용하지 않았기 때문에 NFT를 발행하기에 앞서 디지털로 작품을 어떻게 할 수 있는지에 대한 연구가 필요했습니다. 피지컬 작업을 3D 스캔하라는 조언도 있었지만, 복잡한 선적인 형태인 저의 작업에는 적합하지 않았습니다. 그러던 중 현재 클하 NFT 방장인 킹비트 님이 저에게 VR에 대해 소개해 주셨고, 피지컬

도표 3-19 · **모준석 <The way to meet you (3D), 2021>**

출처: 파운데이션, AR

과 또 다른 방식으로 다양한 실험을 통한 작품을 제작할 수 있었습니다. 이러한 방식으로 4월 중순부터 VR 드로잉 조각 작품들을 발행하게 되었습니다.

도표 3-20 • **모준석 〈The gap and overlap (moving 3D)〉**

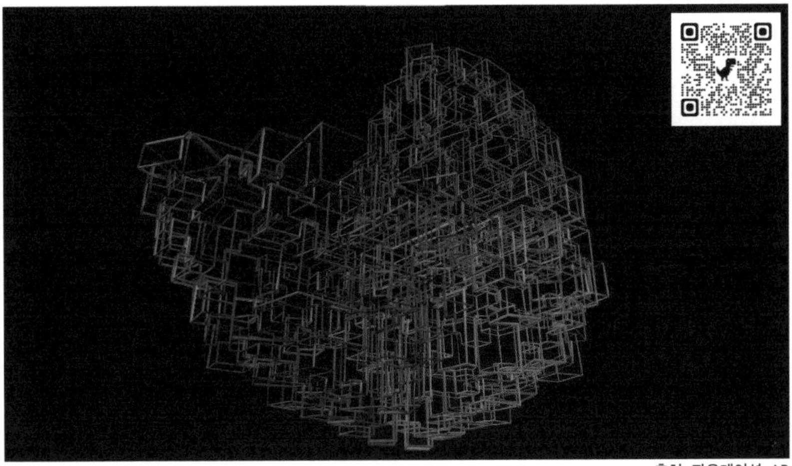

출처: 파운데이션, AR

Q. 작품 세계를 VR 공간 드로잉으로 풀게 된 계기가 궁금합니다.

파리에 유학을 떠나오며 새로운 방식의 작업에 대한 갈망이 있었습니다. 그러던 중 VR을 알게 되었고, 처음 기기를 사용하여 VR 공간에 들어간 순간 소름 돋는 경험을 하게 되었습니다. 본래 조각가에게 중력과 공간은 한계를 주는 요소입니다. 하지만 VR 공간 속에는 마치 내가 우주에 있는 것처럼 중력이 존재하지 않았고, 공간 또한 무한하게 펼쳐져 있었습니다. 피지컬 작업에서 동선을 용접의 방식으로 이어내는 방식을 마치 공간에 드로잉하는 것*으로 비유하기도 합니다. VR에서의 작업은 평

* 공간 드로잉이라는 단어는 평론가 로잘린드 크라우스(Rosalind Krauss)가 용접 조각의 시초라고 알려지는 훌리오 곤살레스(Julio González)의 용접 작품을 보고 말한 것으로부터 시작된다.

소 제가 작품을 하는 방식과 같습니다. 이와 연결지어서 저 스스로 작업에 VR 공간 드로잉이라는 이름을 붙여주었습니다. VR 공간에서는 현실 공간에서보다 빠른 속도로 작업할 수 있고, 작업의 동작이나 과정이 더욱 공간에 그림을 그리는 것 같은 회화적 요소를 드러냅니다. 또한 중력이 없기 때문에 과감한 형태의 작품들을 지지대 없이도 구현할 수 있습니다. 이처럼 VR 공간 드로잉은 저에게 공간과 중력의 한계를 뛰어넘어 작업할 수 있게 해주었습니다.

Q. 주로 활동하는 NFT 작가 커뮤니티가 있으신가요? 있다면 소개 부탁드립니다.

제가 활동하는 커뮤니티는 킹비트 님이 방장으로 있는 카카오톡 '클하 NFT'입니다. 이 커뮤니티는 2021년 3월부터 시작되어 많은 운영진의 노력으로 지금까지 이어지고 있습니다. 작가님들의 작품 소개와 교류, 여러 행사를 공유하고 서로의 성장과 발전을 함께 응원해 주는 커뮤니티입니다.

Q. 첫 작품 리스팅부터 첫 판매까지는 얼마나 걸렸나요?

첫 작품 리스팅부터 첫 판매까지는 18일이 걸렸습니다. 첫 민팅 작품은 3월 말 VR 드로잉 조각 작품이 아니라 아이디어 스케치를 스캔한 작품이었습니다. 그 이후 4월 중순에 완성된 VR 드로잉 조각을 민팅했고 그다음 날 판매되었습니다.

Q. 작품 제작 주기는 어느 정도인가요?

저는 피지컬 조각과 디지털 조각을 병행하며 작업하고 있습니다. 해가 떠 있는 시간에는 주로 피지컬 작업을 하고, 저녁에는 디지털 작업을 합니다. 저는 아이디어 스케치부터 작품의 제작 기간으로 생각하기 때문에

일주일에 하루를 제외하고는 계속 작품을 제작하고 있다고 볼 수 있습니다. 다양한 아이디어 스케치를 통해 생각을 구체화하며 아이디어 스케치를 선택한 후 실제 제작에 들어가게 됩니다. 제작 기간은 작품의 크기와 형태에 따라 달라집니다. 발표하거나 NFT로 발행하지 않더라도 계속해서 완성된 결과물들을 축적하려고 하는 편입니다.

Q. 주로 어떤 마켓플레이스에서 활동하시나요?

저는 오픈씨, 노운오리진, 파운데이션이라는 플랫폼에 작품을 민팅했습니다. 최근까지는 파운데이션에 작품을 올렸습니다.

Q. 기억에 남는 컬렉터가 있으신가요?

파운데이션 첫 작품을 컬렉팅 해준 @aincrad입니다. 이전에도 작품이 판매되었을 때 많은 컬렉터로부터 응원의 메시지를 받았지만, 파운데이션이라는 플랫폼에 진입하면서 특히 긴장이 되었지요. 그런데 작품을 올리고 하루가 지나지 않아 이분께서 작품 비딩을 넣어주셨습니다. 저는 트위터에 감사 인사를 올렸는데 이런 댓글을 달아주셨습니다.

"I know you deserve much more and I'm just lucky today! I'm really exited what you brought your already amazing visual art to nft+virtual world. Cheers. (저는 당신이 더 많은 것을 받을 자격이 있다고 생각합니다. 저는 오늘 운이 좋았습니다! 당신의 놀라운 시각 예술을 nft+가상 세계에서 만날 수 있다는 사실에 무척 흥분됩니다. 건배.)"

작품의 가치를 봐주시고 자신이 단지 운이 좋아서 작품을 소장하게 되었다는 그의 격려와 응원의 메시지에 감동이 되었고, 큰 힘이 되었습니다.

Q. 작품 활동 중 가장 행복했던 순간은 언제였나요?

저에게 가장 행복한 순간은 매번 전시를 통해 새로운 사람들을 만나고 작품을 소개하며 소통하는 순간입니다. 그중 한 가지를 꼽자면 첫 초대 개인 전시를 열었던 순간입니다. 첫 개인전을 위해 오랜 기간 작품을 제작하면서 과연 나의 생각과 작품들이 사람들과의 소통이 가능한 것일까에 대한 걱정이 있었습니다. 하지만 저의 걱정과 달리 이 전시는 KBS 뉴스에 보도가 될 만큼 좋은 반응을 얻었으며, 전시에 방문해 주신 많은 분이 응원과 공감을 해주셨습니다.

Q. 작품 활동 중 가장 힘들었던 순간은 언제였고 어떻게 해결하셨나요?

아버지께서 많이 아프셨을 때, 제가 하는 창작 활동에 의문을 품었던 적이 있습니다. 그 시기 작업실 월세도 3개월 밀린 상태여서 당장 필요한 재료들을 구하기도 힘들었지요. 저는 돈을 벌기 위해 다른 일을 찾아야 할지 고민했지만, 끝까지 포기하지 않고 작업실로 향했습니다. 그런데 어느 날, 한 컬렉터로부터 작품 구매를 원한다는 연락이 왔지요. 이후 작품 판매가 계속 이어졌고, 다행히 재료비가 없어서 작품을 멈추는 일은 생기지 않았습니다.

Q. NFT 작가로서 특별히 전환점이 된 포인트가 있으실까요?

저 스스로 NFT와 피지컬을 구분하지는 않습니다. 잘 아시겠지만, NFT는 하나의 기술이자 마켓플레이스이기 때문입니다. 조형 예술가로서 NFT로 작품을 발행하며 전환점이 된 부분을 말씀드리자면, 바로 AR의 실현입니다. 피지컬 조각은 공간의 한계로 인해 작품이 있는 곳에서만 작품을 감상할 수 있지요. 하지만 AR을 통해 관람객은 자신의 공간에서 작가가 만

든 작품을 손실 없이 동일하게 감상할 수 있게 되었습니다. 이 방식을 통해 제 작품의 주요 개념 중 하나인 경계를 새로운 방식으로 접근하고 작품으로 풀어낼 수 있게 되었습니다.

도표 3-21 • **모준석 〈Way to you (video)〉**

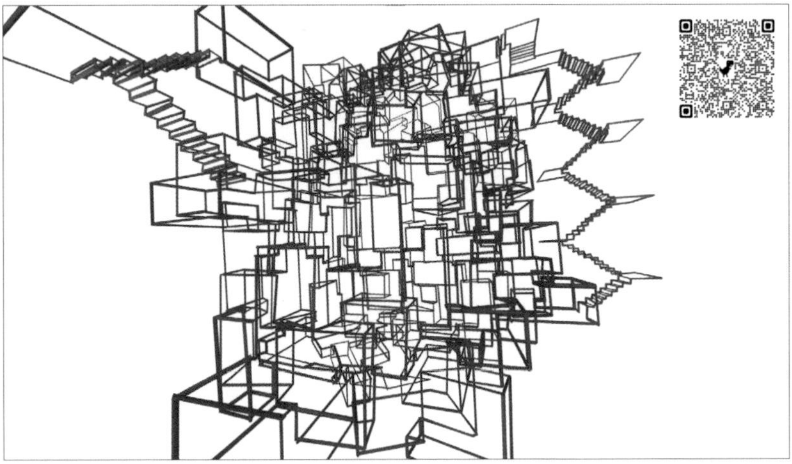

출처: 파운데이션, AR

Q. NFT 하기 잘했다! 라고 느끼신 적이 있다면 언제였나요?

작가님과 인터뷰를 하는 지금 이순간이라고 할 수 있습니다. 제가 가지고 있었던 조각의 한계들이 NFT를 통해 구현되는 지점들이 생기면서 하기를 잘했다는 생각을 하게 되었습니다. 특히 코로나를 거치면서 메타버스가 크게 주목을 받고 있습니다. 저는 이 공간에서 조각가로서 다양한 방식으로 작품들을 실험하려고 합니다. 이를 통해 현실과 가상, 조각의 경계를 확장할 수 있는 기회가 될 거라고 생각합니다.

Q. 현재 NFT 작품 활동 외에도 하는 일이 있으신가요? 있다면 어떤 일을 하고 계신가요?

파리 제1대학 팡테옹 소르본Université Paris 1 Panthéon Sorbonne 예술대학에서 강의를 하고 있습니다.

Q. 앞으로의 활동 계획을 알고 싶습니다.

우선 2022년 3월 중에 크립토복셀cryptovoxels*에서 조각공원을 개장할 계획에 있습니다. 제가 VR 드로잉 조각을 시작하며 구상했던 것이 공간을 점유하는 조각들을 이용한 공원과 전시장을 만드는 것이었습니다. 이 시도가 새로운 전환점이 되기를 기대합니다.

또한 VR 드로잉으로 만든 〈phygical Terra Station, 피지컬 테라 역 2021〉 작품이 평소 작업하는 피지컬 작업의 형태로 제작되어 3월 중 한국의 테라 랩 사무실에 설치될 예정입니다. 이 프로젝트는 2021년 12월, 선화랑과 함께 진행한 테라 코인 기반 프로젝트의 연장선상에 있으며 제목에서도 알 수 있듯이, 피지컬과 디지털이 결합된 작품입니다. 디지털 작업이 피지컬 작업으로 어떻게 변환되고 재해석되는지 확인해 볼 수 있는 기회가 되리라고 생각합니다.

---

* 이더리움 블록체인을 기반으로 만들어가는 메타버스 및 가상세계를 말한다. 해당 공간에서 토지를 구매하거나 판매할 수 있고, 나만의 미술관을 설립할 수도 있다.

도표 3-22 • 모준석 크립토복셀 내 모준석 작가님 조각공원 부지

출처: 저자 제공

Q. 최근 NFT 시장에 대해서 기대되는 점이나 우려되는 점이 있으신가요?

기대되는 점은 다양한 예술가의 발견입니다. 재능은 있지만, 미술시장에 진입하기 어려웠던 다양한 작가들이 NFT를 통해 작품을 공개하고 작품을 거래할 수 있는 환경이 만들어졌습니다. 또한 디지털이라는 매체를 이용하여 다양한 실험을 하고 새로운 개념들을 만들어내는 예술들이 계속해서 나타나고 있습니다.

우려되는 점은 NFT의 속도감입니다. NFT 시장의 트렌드나 플랫폼 등이 하루가 다르게 변화하고 있는데, 작품의 판매 역시도 작가로 활동을 시작하고 얼마 되지 않아 이루어지는 일들이 많습니다. 제가 미술을 시작하고 4년여 만에 피지컬 작품을 판매했지만, NFT 발행 후 판매까지 채 한 달이 걸리지 않은 것을 생각하면 놀라운 속도입니다. 이렇듯 급류와 같이 흐르는 시간의 속도와 모든 판매 정보들이 투명하게 보이는 블록체인 위에서 외부 상황에 흔들리지 않고 작품을 만드는 것은 많은 노력이 있어야 합니다.

Q. 국내외 불문하고 최애작가 한 분만 소개해 주세요.

저는 독일 조각가인 슈테판 발켄홀Stephan Balkenhol의 조각 작품을 좋아합니다. 우선 저의 작품이 선으로만 이루어져서 그런지, 덩어리 감을 가진 작품에 시선이 많이 갑니다. 그중에서도 그의 조각 작품은 단순하지만 거친 마감을 통해 마치 터치를 통해 흙으로 빚어낸 듯한 온기를 담고 있습니다. 또한 색감과 다양한 비례, 왜곡을 통한 인체와 동물의 표현, 좌대와 작품을 한 덩어리로 만드는 등 작가의 다양한 형태와 재료에 대한 연구가 인상적입니다.

Q. 이제 막 시작하려는 작가분께 한마디 부탁드립니다.

저는 세상에 예술가가 꼭 필요하다고 생각합니다. 예술가는 앞만 보고 가야 하는 세상에 옆을 혹은 뒤를 돌아보게 하기 때문입니다. 자신만의 질문을 가지고 새로운 방식으로 답하는 작품들을 통해 세상은 풍성해지고 아름다워진다고 생각합니다. 하지만 저 역시 종종 길을 잃고 헤매기도 하며 새로운 길을 찾고자 하는 한 사람입니다. 혼자만 발버둥치는 것이 아니라 함께 고민하는 사람들이 있다는 것을 잊지 마세요. 그러니 때로는 헤매기도 하면서 새로운 길을 찾아가는 과정을 두려워하지 않기를 바랍니다.

인스타그램 ID: minor_heroes I 트위터 ID: minorheroes

Q. 작가님 간단한 소개 부탁드립니다.

클립 드롭스Klip Drops와 오픈씨에서 '마이너히어로즈'라는 NFT 컬렉션으로 활동하고 있는 '레이레이LAYLAY'라고 합니다. 사소한 초능력을 가진 히어로들을 통해 우리 모두는 소중한 존재라는 메시지를 표현하고 있습니다.

도표 3-23 • LAYLAY <GAS FEE CHAOS> 스틸컷

출처: 클립 드롭스

Q. 작가님의 작품 세계 또는 대표작(혹은 시리즈)을 소개해 주세요!

가스피가 높아서 작품 판매가 힘들었던 시기를 그린 〈GAS FEE CHAOS〉, 블록체인에서 일어나는 스캠을 모티프로 만든 〈SCAM WAR〉, PFP의 제작과 커뮤니티 문화를 그린 〈PROFILE PICTURES〉, 가스피 실패의 상처를 치유하는 히어로 〈GAS FEE ANGEL〉 등이 제 대표작입니다.

Q. 작가님 작품 중 최애작은 무엇인가요? 그 이유는?

대답하기 정말 곤란한 질문인데요. 〈SOLD OUT GENIUS, 매진천재〉가 가장 최애작이지 않을까 합니다. 10명이 넘는 NFT 작가님들이 이 작품을 보유하고 나서 부적처럼 판매가 생겨서 덕을 많이 보았다고 해주셔서 기억에 남는 히어로입니다.

도표 3-24 • LAYLAY
<SOLDOUT GENIUS> 스틸컷

출처: 오픈씨

Q. NFT 활동 이전에는 어떤 일을 하셨나요?

IT 회사에서 오래 일했습니다. 주로 콘텐츠 만드는 일을 했지요. 그런 토대가 NFT 씬에서 많은 도움이 되었습니다.

Q. NFT 진입 시기는 언제쯤이며 어떤 계기로, 어떤 경로로 시작하게 되셨나요?

작년 3월쯤 비플의 소식을 듣고 'NFT'라는 것을 알았고, NFT를 만들어서 지인들에게 추억거리로 나누어줄까를 고민하다가 시작하게 되었습니다.

도표 3-25 • LAYLAY <PROFILE PICTURES> 스틸컷

출처: 클립 드롭스

Q. 첫 작품 리스팅부터 첫 판매까지는 얼마나 걸렸나요?

그 당시 저는 속도가 중요하다고 생각해서 2주 정도 콘셉트 기획과 아트 제작을 한 뒤에 출시했습니다. 첫 판매는 운이 좋게도 민팅을 하고 얼마 뒤에 바로 구매가 이루어져서 초기부터 힘을 얻고 작품 활동을 할 수 있었습니다.

Q. 작품 제작 주기는 어느 정도인가요?

히어로 한 작품은 하루 내에 완성해야 한다고 생각하고, 다양한 요소가 들어가는 큰 작품의 경우는 콘셉트 기획부터 완성까지 1주일을 넘지 않게 작업하고 있습니다.

Q. 주로 어떤 마켓플레이스에서 활동하시나요?

오픈씨와 클립 드롭스에서 활동하고 있습니다. 활동하는 마켓을 늘리지

않고 집중해서 활동하려는 생각을 가지고 있습니다.

Q. 작가님만의 판매 비결이 있으시다면 살짝만 공개 부탁드립니다.

매번 제작하는 작품 하나하나가 소유했을 때 유니크하게 보일 수 있도록 노력하고 있습니다. 많은 이들이 다양한 이유로 소원이 있을 텐데, 그런 다양한 희망을 충족시켜 주는 히어로를 만들기 위해 많은 고민을 합니다.

Q. 기억에 남는 컬렉터가 있으신가요?

처음부터 함께한 컬렉터였는데 제 작품을 많이 보유하고 지금까지도 좋아해 주고 계신 분이 있습니다. 자기가 생각한 것보다 훨씬 더 빨리 영향력을 얻고 작품 퀄리티도 높아지는 것을 보고 예상하지 못했다고 하셨을 때가 기억에 남습니다.

Q. 전체 컬렉터가 2만 명이 넘는데, 별도로 홀더 커뮤니티도 관리하시나요?

홀더 커뮤니티를 운영하는 것은 그만의 이유가 있어야 하는데 저는 작가 활동에만 집중하고 싶어서 아직은 고려하고 있지 않습니다. 하지만 언제든 DM을 주시면 대답을 하고, 다른 커뮤니티 활동도 많이 하는 편이라 소통의 장은 항상 열어두고 있다고 생각합니다.

Q. 작품 활동 중 가장 행복했던 순간은 언제였나요?

첫 작품이 팔렸을 때, 새벽에 소리치면서 좋아했던 적이 기억에 남습니다. 오랜 홀로서기 준비 기간의 종지부를 찍는 순간이었습니다. NFT로 저의 창작이 인정받을 수 있을지 그전까지는 알 수 없었습니다.

Q. 작품 활동 중 가장 힘들었던 순간은 언제였고 어떻게 해결하셨나요?

항상 마감에 시달리는 일 때문에 밤샘 작업을 하느라 건강이 나빠지는 것이 제일 비극이었던 것 같습니다. 운동은 정말 꾸준히 해야 하는 것 같습니다.

도표 3-26 • LAYLAY <SCAM WAR> 스틸컷

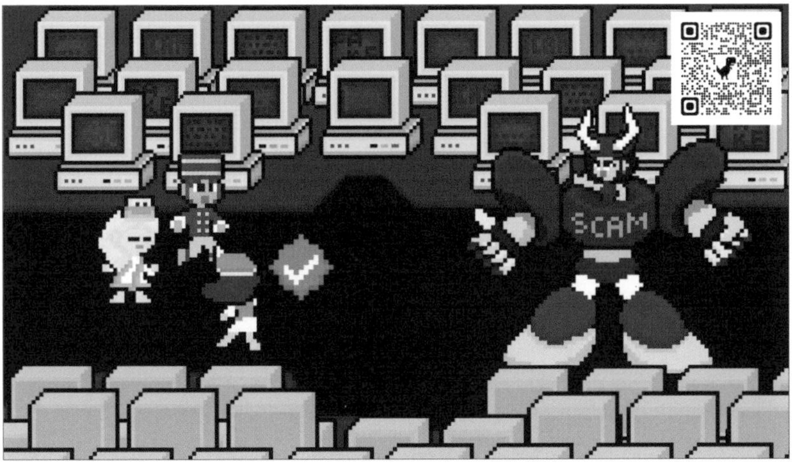

출처: 클립 드롭스

Q. 작가로서 정말 많은 성장을 하셨는데, 특별히 전환점이 된 포인트가 있으실까요?

모든 포인트가 전환점입니다. 한 번 일할 때 제대로 잘하고 많은 기회에서 신뢰를 쌓는 것이 중요합니다. 한 번 같이 일했던 곳과는 자주 이야기를 나누고, 그러다 보면 더 좋은 기회들이 추천과 추천을 통해 오고 있습니다. 한 번 할 때 잘하는 게 중요한 것 같습니다.

Q. 최근 태국 등 해외 활동을 많이 하시는 듯한데 소개 부탁드려요!

최근에 태국 NFT 작가님들과 많이 친해졌습니다. 태국은 한국보다 NFT 아티스트의 수가 많은데 컬렉터가 많지 않아서 아주 고전하고 있습니다.

예전에 한국 작가님들도 똑같은 고충을 느꼈고 태국 NFT 분위기도 좋아졌으면 좋겠다고 생각해서 태국 분들을 다방면으로 홍보할 기회를 고민하고 있습니다.

Q. NFT 하길 잘했다고 생각하실 때는 언제인가요?

항상입니다.

Q. 앞으로의 작품 활동 계획을 알고 싶습니다.

좋은 작품을 꾸준히 내는 것이 중요할 것 같습니다.

Q. 최근 NFT 시장에 대해서 기대되는 점이나 우려되는 점이 있으신가요?

투자가 과열되면서 컬렉터들이 커뮤니티 운영 중심의 기업형 NFT를 많이 구매하고 찾고 있습니다. NFT가 활성화되는 점은 좋지만, 개인 작가도 NFT 창작과 나름의 운영방식이 있기 때문에 개별 작가 활동에 대해서는 조금 다른 시선으로 봐주셨으면 하는 생각이 있습니다. 아트 자체를 존중하고 수익적인 면보다 작품의 가치를 아껴주는 쪽으로 생각해 주시면 어떨까 합니다.

Q. 국내외 불문하고 최애작가 한 분만 소개해 주세요.

한국 전통 괴물들을 소재로 그림을 그리고 있는 샤이니타이거ShinyTiger 작가님이 최애작가입니다. 아트도 좋고 작가님의 태도도 너무 우아합니다. 꼭 찾아서 보세요.

도표 3-27 • ShinyTiger 작가 (트위터ID: byShinytiger)

출처: https://linktr.ee/shinytiger

Q. 이제 막 시작하려는 작가분께 한마디 부탁드립니다.

서서히 경쟁도 심화되고 자본주의의 힘을 얻은 작품들도 많이 나올 것입니다. 자신의 작품을 남과 비교하지 말고 정말 꾸준히 하는 사람이 성공하게 될 것입니다. 작품의 유니크함과 매력을 잘 찾고 그것을 오래도록 유지한다면, 오래오래 사랑받으실 수 있습니다.

홈페이지: www.rurianft.com I 오픈씨: opensea.io/collection/ruria-nft
트위터 ID: ruria_nft

Q. 작가님 간단한 소개 부탁드립니다.

안녕하세요! 한국에서 활동하고 있는 NFT 작가 루리아입니다.

Q. 작가님의 작품 세계와 플러피FLUFFY 시리즈에 대해서 소개해 주세요!

저는 마음의 장벽을 허무는 작업에 대해 집중하며 작업하고 있습니다. 즉 상처 입은 마음은 치유되지 못한 채 몸만 커버린 어른들에게 어린 시절 기억의 상처들을 보듬고 치유하는 과정을 선사하고 싶은 마음으로 그림을 그리고 있습니다. 이것은 제 상처를 치유하는 과정이기도 합니다.

'플러피'라는 단어에는 '복슬복슬하다', '먼지 같다'라는 뜻이 있는데, 지금의 모티프가 된 첫 작품에 당시의 제 상황과 마음이 잘 나타나 있습니다.

아이를 낳고 산후우울증과 경력단절로 인한 우울이 심했을 때, 나는 마치 내가 '먼지와 같은 존재'라는 생각에 사로잡혀 퍼석거리는 존재, 형태가 선명하지 않은 캐릭터를 그렸습니다. 그런데 어느 날 나와 함께 그림을 그리고 있는 딸아이가 많은 사람에게 사랑을 받았으면 좋겠다고 생

각했지요. 그 후 나는 아이들이 잘 사용하는 크레파스라는 재료의 질감을 이용해 발랄한 색감으로 그림을 그리기 시작했습니다. 여러분께 선보인 '플러피' 시리즈는 감춰진 우리 마음의 순수성을 꺼내어 삶의 용기를 되찾아 주고자 하는 마음을 담은 작품입니다.

Q. 배리어 프리barrier free에 관심을 갖게 되신 이유가 궁금합니다.

저는 시각장애인과 장애인 복지에 늘 관심이 있었습니다. 점자도서관 녹음 봉사활동에도 관심이 많았지요. 나의 친한 후배는 지체 장애가 있는데, 학교에 다닐 때도 늘 활동 보조 차량에 의지하고 휠체어를 타고 다녀야 했습니다. 성인이 되었는데도 문화생활을 즐기기 힘들어하는 후배의 모습을 보고, 나는 그 친구가 미술관에 가지 않아도 집에서 문화를 즐길 수 있도록 작업을 해보자 하는 생각이 들었고 베리어 프리 작품을 그리고 연출했습니다.

도표 3-28 • RURIA <눈 속의 고양이들>

출처: 오픈씨

〈눈 속의 고양이들〉은 그림의 느낌을 귀로 직접 받을 수 있도록 작가인 제가 직접 작곡해서 연주했습니다. 그 밑으로는 미술관 안의 차가운 대리석을 또각또각 걸어가는 소리를 입혔지요. 미술관에 가지 않아도 미술관의 느낌을 온몸의 감각으로 느낄 수 있도록 말입니다. 이런 작품들을 앞으로도 많이 작업하고 싶습니다.

Q. NFT 활동 이전에는 어떤 일을 하셨나요?

원래 전공은 가야금이고, 연주 활동과 작곡 활동을 짧게 하다가 이직을 했습니다. 이직한 곳은 국회였고, 국회의원 비서로 일을 했습니다. 결혼한 후에는 출퇴근 문제로 퇴사하고 아르바이트를 했습니다. 블로그 마케팅, 블로그 대행으로 광고주 대신 글을 써주는 일을 했지요.

주말도 없이 늦은 시간에 맞춰서 글을 올려달라고 하는 어떤 광고주의 일을 하다가 새벽 2시에 카톡으로 해고를 당했습니다. 그때 저는 다시 내 삶을 찾을 곳은 'NFT'라고 생각했고 다시 그림을 그리게 되었습니다.

Q. NFT 아트의 매력은 뭐라고 생각하시나요?

작가와 컬렉터의 끈끈한 관계를 직접적으로 경험한다는 것이 매력이라고 생각합니다. 기존 갤러리들이 해주었던 그 커뮤니티를 작가가 직접 함으로써 날 것 그대로의 감정을 전달받고 또 전달해 줄 수 있어서 더욱 솔직하고 진솔하게 관계를 이어나갈 수 있다는 점이 매력적입니다.

Q. NFT 진입 시기는 언제쯤이며 어떤 계기로, 어떤 경로로 시작하게 되셨나요?

2021년 9월쯤 이더리움 체인에 제 개인 일러스트 작품을 민팅했고, 10월에 클레이튼klaytn 체인에 '플러피 피플FLUFFY PEOPLE' 시리즈를 민팅했습니

다. 계기는 예술을 전공했기에 NFT에 대해 알고는 있었는데, 건축을 전공했던 친한 동생이 한번 해보라고 권유해서 시작하게 되었습니다.

'플러피 피플' 시리즈의 탄생 비화는 제가 개인 작품을 이더리움 체인에 올리고 있을 때였어요. 그런데 어느 날 아이가 코로나 밀접접촉자가 되면서 2주 동안 격리하게 되었지요. 너무 오래 집에만 있다 보니 아이와 놀아줄 놀잇감도 다 떨어지고 아이는 너무 심심해했어요. 그래서 저는 "너도 그림 그려볼래?" 하면서 아이와 함께 컬러를 고르고 캐릭터에 색을 입히고 하면서 공동으로 작업했던 것이 '플러피' 친구들이 되었습니다.

Q. 주로 활동하는 NFT 작가 커뮤니티가 있으신가요? 있다면 소개 부탁드립니다.

주로 활동하는 곳은 '클하 NFT' 모임입니다. 클럽하우스에서 작업하는 작가님들끼리 모여서 수다를 떨고, 작업한다는 의미의 클하 모임이라고 저는 알고 있습니다. 서로의 작업을 지지하고 응원해 주고, 판매로 이어지면 축하도 해주고 힘들 때는 위로도 해주는 든든한 곳입니다.

Q. NFT 작업을 시작하시고 첫 판매까지는 얼마나 걸렸나요?

이더리움 체인에서는 판매되지 않았고, 클레이튼 체인에서 플러피 시리즈는 민팅 첫날 작품 7개가 모두 판매되었어요. 정말 믿기지 않았고, 신기한 경험이었죠.

Q. 작품 제작 주기는 어느 정도인가요?

'플러피' 시리즈는 화요일, 금요일에 리스팅되어 주 2회 제작되고 있습니다.

확장된 세계관인 〈RURIA PARADISE〉라는 주제의 이더리움 컬렉션 작품도 시작했는데, 한 달에 두 작품 올리는 것을 목표로 하고 있습니다(아

직 지켜지지는 않았습니다).

도표 3-29 • 루리아 <fluffy people #1>

출처: 오픈씨

도표 3-30 • 루리아 <fluffy people #166>

출처: 오픈씨

Q. 주로 어떤 마켓플레이스에서 활동하시나요?

오픈씨에서 활동합니다.

Q. 작가님만의 판매 비결이 있으시다면 살짝만 공개 부탁드립니다.

비결이라면 제가 아티스트로만 끝나지 않고 NFT, 메타버스, 웹3를 모두 관찰하고, 작가들을 돕는 역할의 다양한 활동을 하는 NFTist로 활동한다는 점입니다. 그렇기 때문에 제 작품의 작품성만으로 판매되는 게 아니라, 저라는 사람의 가치를 믿고 투자해 주시는 것이 판매로 이어지는 게 아닐까 싶습니다.

Q. 기억에 남는 컬렉터가 있으신가요?

처음 민팅했을 때부터 지금까지 늘 구입해 주시려고 비딩을 넣어주시는

컬렉터 분이 계십니다. 항상 응원의 메시지를 보내주시고 직접 만든 팔찌를 아이 선물에 제 선물까지 보내주시고 전시 때마다 대구에서 서울까지 올라와 주시는 너무나 감사한 분입니다. 그분 덕분에 제가 지금까지 활동을 잘할 수 있게 된 것 같습니다. 감사합니다.

Q. 플러피 홀더 커뮤니티는 몇 명 정도 계시며 어떤 활동을 하고 계신가요?

현재까지 카카오톡 커뮤니티에는 143명이 계시는데, 그분들께 저의 일정과 작업 계획, 예정된 일정들을 공유해 드립니다.

플러피는 리스팅할 때마다 오퍼 추첨제로 진행되어 추첨 영상과 결과를 공유해 드리고 일상 이야기, 사는 이야기, 먹는 이야기 등 시시콜콜한 이야기를 나눕니다.

Q. 작품 활동 중 가장 행복했던 순간은 언제였나요?

제가 산후우울증과 경력단절로 인한 절망감에 빠져 있었을 때, 플러피를 진심으로 대해주는 컬렉터를 만나고 나서 비로소 내 삶을 다시 찾았다는 생각을 가졌던 그 순간 저는 가장 행복했습니다.

Q. 작품 활동 중 가장 힘들었던 순간은 언제였고 어떻게 해결하셨나요?

사실 작품을 그려내는 것은 아직 너무 재미있고 가슴이 뛰어서 힘들다는 생각이 들지 않아요. 다만 NFT 활동을 하면서 힘들었던 순간은 종종 찾아옵니다. 바로 대중의 관심인데요. 관심을 아예 배제하고 작품 활동만 하는 작가님들이 너무 대단하다고 생각합니다. 저는 그렇게 못하는 성격이거든요. 의식을 많이 해서요.

대중의 관심은 바람 앞의 촛불이라고 생각해요. 클레이튼 시장은 확실

히 프로젝트들의 인기가 대단해서, 사실 순수 아티스트들에 대한 관심이 매우 적은 것이 현실입니다. 그래서 많은 작가님께서 활발히 활동하시다가도 어느새 사라지고 그런 현실을 보는 것이 마음 아프고 힘들죠. 이것은 저에게도 해당됩니다. 사랑을 주었던 컬렉터들의 관심이 떠날 때 그때 조금 힘이 듭니다. 그러면서 조금씩 무뎌지고 있는 것 같기도 합니다.

Q. 클레이 NFT 연말 파티를 주최하게 되신 스토리가 궁금합니다.

밤 시간대였나, 새벽이었나? 그라운드X 대표님께서 연말 파티를 재밌게 해볼 사람이 있는지 트위터를 남기셨어요. 그래서 제가 제페토 너무 재미있게 하고 있는 사람이고, 내가 만든 맵도 있고, 만들어낼 수도 있고, 디제이 파티도 주최해 보았다고 하면서 사진과 댓글을 남겼습니다. 그런데 대표님께서 저와 클레이에이프Klay Ape, 메타넷Metanet 세 군데를 지목하셔서 각각 다른 플랫폼에서 동시에 연말 파티를 하도록 주관을 해주셨어요. 그렇게 해서 진행하게 되었습니다.

도표 3-31 • 클레이 NFT 메타버스 파티 포스터

출처: 저자 제공

Q. 메타버스에 진심이신 듯합니다. 메타버스를 어떻게 바라보고 계신가요?

메타버스는 인터넷이 생겨나면서 우리 곁에 늘 존재했던 세상입니다. 이미 우리는 SNS나 커뮤니티 활동으로 메타버스를 경험하고 있었고, 그 확장성을 가진 플랫폼이 이제 블록체인과 연결되어 열리게 되는 것이죠.

우리의 경험은 이미 충분하고 폭발적인 수용만 앞두고 있다고 생각합니다. 우리는 현실에서의 억압과 물리적인 제약을 메타버스를 통해 무너뜨리는 경험을 하게 될 거예요. 전혀 다른 사람으로 살 수도 있겠죠.

메타버스는 사회적 문제가 되지 않는 한에서 내가 현실에서 못다 한 꿈을 이곳에서 이룰 수도 있는 제2의, 제3의 삶을 살 수 있는 곳이라고 생각합니다.

Q. 샌드박스 X 루리아 프로젝트는 뭔가요?

얼마 전 샌드박스 땅을 구입했습니다. 그곳에 전시관을 지어 다양한 컬렉터들과 작가들을 교류할 수 있는 만남의 장소를 구현하려고 합니다. 작품을 전시하고, 작가님들의 에셋(자산)을 판매하고 구입할 수 있는 복합 공간이 될 것입니다. 관심 있는 작가님들의 많은 관심 부탁드립니다. 샌드박스에 대한 플러피 컬렉터의 혜택은, 다수 컬렉터가 되시면 본인 캐릭터의 플러피 샌드박스 에셋을 에어드롭해 드리는 계획을 갖고 있습니다.

Q. 앞으로의 활동 계획이 알고 싶습니다!

'플러피 피플' 시리즈 작가로서의 계획은 시리즈 중 일부의 이더리움 체인 도전을 앞두고 있습니다. 이것은 이더리움 2.0 에 대한 기대감으로 기획하고 있는 것입니다(전신 플러피의 경우 이더리움 이사가 계획되어 있습니다). 루리아의 개인적인 계획은 제페토 뮤지엄에서의 국제 교류전도 기획 중이고, 공모를 통해 원하는 작가님들의 개인전도 도와드릴 예정입니다. 원화 작업도 시간 날 때마다 틈틈이 작업하고, 전시에도 꾸준히 참여하고 싶습니다.

Q. 현재 NFT 작품 활동 외에도 하는 일이 있으신가요? 있다면 어떤 일을 하고 계신가요?

육아요.

Q. 이제 막 시작하려는 작가분께 한마디 부탁드립니다.

NFT가 청사진이나 장밋빛 미래를 보장하기는 힘들지만, 그럼에도 불구하고 작가님들께서 생업이 아닌 본인의 순수한 작품을 인정받을 수 있는 열린 자리이기 때문에 도전할 가치가 있는 곳이라고 생각합니다.

도표 3-32 • 루리아 <fluffy people #163>

출처: 오픈씨

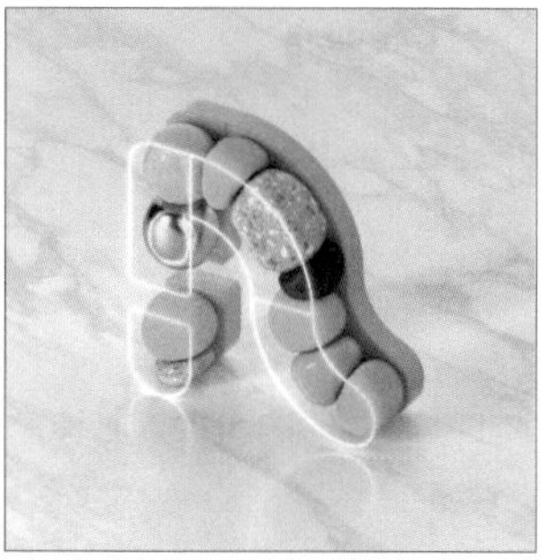

링크트리: linktr.ee/flatland.0d | 트위터 ID: flat_0d

Q. 작가님 간단한 소개 부탁드립니다.

저의 풀 작가네임은 'Flatland.0d'입니다. '플랫랜드Flatland에서 온 ZERO-D'라는 뜻이에요. 플랫랜드는 모니터 스크린이며 미디어, SNS 그리고 메타버스를 뜻합니다. 우리는 결국 평평한 모니터를 통해 서로를 바라볼 수밖에 없기에 상대방이 가지고 있는 입체적인 면을 보지 못하고 조각나고 파편된 부분만을 인지하게 됩니다. 타인을 온전히 이해하기 위한 노력, 그것은 하나의 점으로부터 시작합니다. '제로 디멘션(Zero-Dimension, 0차원)'은 그 시작의 지점입니다.

Q. 작가님의 작품 세계와 대표작을 소개해 주세요!

저는 크게 두 개의 컬렉션을 진행 중입니다. 먼저 메타버스 내에서 타인을 인지하는 방식과 한계를 다룬 '플랫랜드' 시리즈와, 그다음 세 개의 숫자 조합으로 그 사람을 이해할 수 있는 이야기를 끌어내고 또한 저의 이야기를 풀어내는 '복셀 그리드Voxel Grid' 시리즈입니다.

도표 3-33 • ZERO-D <The Creation of Avatar>

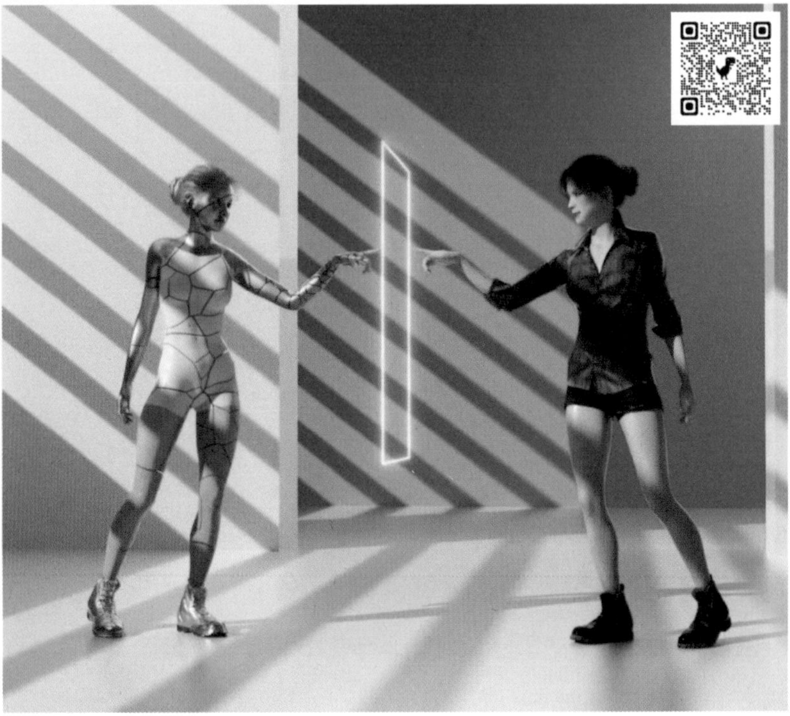

Q. NFT를 시작하신 이유는 무엇인가요?

디자이너로서 대기업의 상업적 디자인만 하는 것이 아니라, 개인적인 창작 욕구를 펼칠 수 있는 새로운 장으로 인식하여 시작하게 되었습니다. 디자이너들의 개인 작업이 한 번의 박수 뒤로 사라지고 단지 '취업'을 위한 포트폴리오로만 사용되는 것이 아쉬웠는데, NFT는 그것 자체가 하나의 아트로써 사람들에게 계속해서 감상되고 판매될 수 있다는 점에서 큰 메리트가 있다고 느꼈습니다.

궁극적으로 자신의 아트 창작만으로 경제적인 독립이 가능할 수도 있고, 그러한 목표를 가지고 지속적으로 개인 작업을 이어나갈 수 있는 동

기부여가 될 수 있다는 것이 굉장한 매력으로 다가왔습니다.

Q. 첫 작품 리스팅부터 첫 판매까지는 얼마나 걸렸나요?

잘 기억나지 않지만 2주 내에 첫 판매가 되었던 것 같습니다.

Q. 작품 제작 주기는 어느 정도인가요?

컬렉션에 따라 조금 다릅니다. 개별 작품일 경우에는 한두 달에 한 작품이 나오지만, 복셀 그리드의 경우 정해진 방식이 있으므로 한두 달에 10여 개 작품이 한 번에 제작됩니다(최근에는 커뮤니티 공동 컬렉션에 참여하기 위해 일정에 따라 한 달에 한 작품 정도를 제작하고 있습니다).

도표 3-34 • ZERO-D <Tiger's New Era>, Rhythmical NFT Club : Tiger

Q. 주로 어떤 마켓플레이스에서 활동하시나요?

오픈씨를 가장 메인으로 활동합니다. 추가로 파운데이션에도 가끔 민팅합니다.

Q. 작가님만의 판매 비결이 있으시다면 살짝만 공개 부탁드립니다.

컬렉터 분들이 계시는 커뮤니티에서 활동하다 보면 제 작품을 좋아해 주시는 컬렉터님들이 생기고, 그분들께서 새로운 작품에도 계속 관심을 가지면서 구매도 해주고 계십니다.

Q. 작품 활동 중 가장 행복했던 순간은 언제였나요?

1. 복셀 그리드 컬렉션의 처음 100개는 같은 날에 드롭되었는데요, 드롭 후 4시간 안에 완판이 되었습니다. 많은 컬렉터들이 개인톡으로 예약과 연락도 주시고, 이후 구매하신 작품으로 액자를 만들어 주시기도 하는 등 사랑받는 작가가 되는 짜릿한 경험을 잊을 수 없습니다.

2. '클락실험방'이라고 불리는 '클레이락KlayRock 소사이어티'에서 운영하는 커뮤니티에서 작품 세계관 발표를 했을 때입니다. 여러 작가님들과 컬렉터들이 계신 곳에서 저의 작품과 작품에 대한 세계관을 마음껏 설명할 수 있어서 너무 신나고 흥분되는 경험이었습니다. 또한 그 후 제 작품을 너무 좋아해 주시는 컬렉터들께서 직접 연락해 주시고, 작품에 연달아 비딩에 참여해 주시는 등 작품 활동의 많은 전환점이 되었습니다.

도표 3-35 • ZERO-D <VOXEL GRID #0068, #0198, #0178>

그때는 새로 만든 커뮤니티(리드미컬 NFT 클럽)를 홍보하기 위해 고심하던 시기였는데, 이 발표를 통해 클럽 홍보에도 많은 도움이 되었습니다.

Q. 작품 활동 중 가장 힘들었던 순간은 언제였고 어떻게 해결하셨나요?

NFT 작가님들이 대부분 겪는 문제겠지만, 일단 너무 빠른 변화들과 커뮤니티 흐름에서 겪는 일종의 멀미 증상들 그리고 수많은 '축하' 속에서 자신은 소외되는 현상들을 많이 겪게 됩니다. 저 역시 판매가 한동안 되지 않는 상황에서 커뮤니티 활동이 오히려 자존감을 하락시키고 창작 의욕을 잃게 만들기도 했지요. 이후에 나만의 페이스를 찾아가거나 밸런스를 만들어가는 노하우가 조금은 생기게 되었는데요. 결국 꾸준한 작품 활동이 가장 중요하다는 것을 다시 생각하게 되었습니다. 그런 꾸준한 활동을 위해 여러 작가님들과 함께 컬렉션을 만들어 보자는 것으로 다시 동기부여와 재미를 찾아가고 있습니다(이것 또한 NFT 활동과 일상생활의 밸런스를 유지하는 것이 쉽지 않아서 항상 노력하고 있습니다).

Q. 작가로서 전환점이 된 포인트가 있으실까요?

위에 이야기했던 세계관 발표와, 그리고 현재 리드미컬 NFT 클럽을 시작하게 된 일이 큰 전환점이 되었습니다.

Q. 직접 작가 커뮤니티를 운영하고 계신데, NFT 작가에게 커뮤니티의 의미는 뭘까요?

NFT 세상에서는 작가 혼자서 할 수 있는 것이 거의 없습니다. 물론 훌륭한 작품만으로 성공적인 작가 활동을 하시는 분들도 계시지만, 처음에 NFT를 시작할 때 도움을 받은 것에서부터 자신의 작품을 전 세계의 컬렉터들에게 알리기 위해서는 서로의 도움과 네트워크 없이는 불가능한

일들이 많습니다.

또한 작품 활동이라는 것은 기복이 있기 마련이고 어려운 순간들도 많은데, 꾸준한 작품 활동을 위해서 서로서로 힘을 주고 재미있게 활동해 나가지 않으면 금방 지치고 맙니다. 아티스트로서 혼자 활동해 왔던 작가님들도 NFT 세상에서는 서로 도우면서 커뮤니티로 활동하지 않을 수 없는 이유이기도 합니다. 그 과정 속에서 커뮤니티의 도움과 힘을 느끼고, 함께 작업해 나가는 것이 훨씬 재미있다는 것을 몸소 깨닫게 되지요.

Q. 리드미컬 NFT 클럽전은 어떻게 하게 되셨나요?

정말 운 좋게도 초기 클럽 작가님 중 한 분이셨던 '구이러비쉬' 작가님은 현실에서 수집품 관련 액자 사업을 하시는 분입니다. 최근 NFT에 많은 관심을 가지고 계시다가 작가클럽으로 들어오셨습니다. 그런데 클럽 작가님들의 활발한 작품 활동을 보시고는 회사 1층 갤러리를 클럽 작가님들과 함께하는 전시로 꾸며보고 싶다고 제안해 주셨어요. 이후 NFT 전시에 필요한 모든 설비와 공간을 제공해 주셔서 비용적인 부담 없이 마음껏 전시를 준비할 수 있게 되었습니다.

사실 100명이 넘는 작가들의 단체전과 매일매일 이어지는 개인전을 함께 준비하는 것은 쉽지 않은 일이었습니다. 그것도 연말 포함해서 단 3주 만에 이루어내야 하는 것은 엄청나게 무리한 일정이었어요. 하지만 클럽으로 함께 소속되어 있어서 전시 콘텐츠가 이미 모여 있었다는 점과 작가님들이 이미 너무도 활발하게 소통과 교류를 하고 있었다는 점, 그리고 작가님들이 적극적으로 각자의 분야에서 활약해 주셨다는 점이 기간적인 제약을 넘어설 수 있게 해주었습니다.

클럽의 운영진조차 없는 상황에서 리플릿 디자인, 포스터 디자인, 각

각의 필요한 영상 편집, 디자인, 문서정리, SNS 홍보팀, 라이브 방송 지원 등 필요한 요소들을 각 분야에서 적극적으로 참여해 주셔서 너무 신기하게도 예정대로 전시가 잘 진행되고 있습니다.

도표 3-36 • ZERO-D <R #1-2>, Rhythmical NFT Club : Spelling Ticket

Q. 현재 NFT 작품 활동 외에도 하는 일이 있으신가요? 있다면 어떤 일을 하고 계신가요?

저는 모션 그래픽 프리랜서로 일하고 있어요.

Q. 앞으로의 NFT 활동 계획을 알고 싶습니다.

현재로서는 '리드미컬 NFT 클럽'을 계속 만들어 나가는 것이 가장 중요한 활동입니다.

NFT 갤러리를 준비하면서 작가들을 모시고자 하는 곳이 많아지고 있

어서, 그런 곳들과 지속적으로 협의하여 작가들의 오프라인 전시를 준비할 계획입니다. 동시에 온라인 메타버스 전시나 트위터 스페이스 등의 홍보도 계속 진행하고, 그것을 통해 작가들의 작품을 계속해서 알려 나가는 활동을 하게 될 겁니다. 저 또한 커뮤니티 작가님들과 함께 그런 활발한 활동들에 참여할 예정입니다.

Q. 최근 NFT 시장에 대해서 기대되는 점이나 우려되는 점이 있으신가요?

PFP 프로젝트를 개인 작가들이 진행할 때 투자적인 관점에서 참여하시는 일부 홀더들이 단기적인 가치상승을 주문하시는 경우들이 있어요. 그런 경우 홀더들의 의견에 의해 아티스트가 원래 계획된 창작 활동 진행이 어려워지고 너무 지치게 되는 등의 부정적 결과가 생기는 상황들이 종종 있는 것 같아 우려되는 부분들이 있습니다(그로 인해 최근에는 작가님들께 충분히 준비되지 않은 채로 'PFP 프로젝트'를 표방하지 않도록 주의 말씀을 드리고 있는 편입니다).

반면, 아티스트와 컬렉터 분들이 서로 교류하며 지속 가능한 창작 환경을 위해 건강한 커뮤니티를 만들어가는 경우도 많지요. 그런 부분은 굉장히 기대가 됩니다

Q. 국내외 불문하고 최애작가 한 분만 소개해 주세요.

제가 활동하는 모션 그래픽 분야에서 NFT 아티스트로서 먼저 길을 개척하고 많은 정보를 공유해 주신 '김그륜' 아티스트를 존경합니다. 작품들도 너무나 훌륭하고 이미 많은 판매량을 기록하며 왕성한 활동을 하고 계신 세계적인 아티스트입니다.

Q. 이제 막 NFT를 시작하려는 작가분께 한마디 부탁드립니다.

제가 커뮤니티 매니저로 있는 '리드미컬 카페'는 10년 전부터 채용정보에 '신입 최저연봉 기준'을 도입해서 기준 이하의 연봉은 아예 채용정보를 게시하지 못하도록 하고 있어요. 그동안 여러 환경적 요인(최저임금 인상 등)의 도움으로 조금씩 올려오긴 했지만, 여전히 엄청나게 낮은 금액이죠. 그냥 이 정도로 할 수밖에 없나 하고 조금은 좌절감이 들 때 만난 곳이 NFT였고, NFT를 통해서 현재 너무도 저평가되어 있는 디자이너 분들의 재능 가치를 다시금 평가받을 기회라는 생각이 들었습니다.

현재 많은 아티스트들이 동시에 디자인 노동자이기도 하기 때문에 그분들의 아티스트로서의 재능이 상업적 하청으로만 소진되지 않도록 하고 싶었습니다. 대기업 하청구조로만 되어 있는 디자인 산업이 아티스트 중심으로 재편될 수 있는 기회라고 생각했습니다.

물론 앞으로 NFT 시장이 어떻게 흘러갈지 알 수 없지만, 중요한 기회가 우리에게 주어졌다는 사실은 분명합니다. 그 기회를 어떻게 살릴 수 있을지는 좀 더 함께 나아가 보아야 알 수 있겠지요. 함께 손잡고, 계속 가보도록 해요.

디자이너 그리고 아티스트 여러분의 재능은 여러분이 생각하는 것보다 훨씬 가치 있습니다. 그리고 우리가 함께 있는 것만으로도 우리는 이미 엄청난 힘을 발휘하고 있습니다.

Every art has its own meaning.
모든 예술은 저마다의 의미가 있고
당신도 역시 그렇습니다.

YAYO 작가

링크트리: linktr.ee/yayoseoul | 트위터 ID: yayoseoul

Q. 작가님 간단한 소개 부탁드립니다.

안녕하세요. 그림 그리는 YAYO입니다.

Q. 작가님의 작품 세계 또는 대표작(혹은 시리즈)을 소개해 주세요!

'YAYO HER' 시리즈입니다.

Q. 작가님 작품 중 최애작은 무엇인가요? 그 이유는?

첫 NFT 작품인 〈YAYO HER〉입니다. 타임랩스라서 굉장히 과감하게 그린 것 같지만 인물 그림을 거의 안 그렸던지라 스케치 없이 잉크로 얼굴을 한 번에 완성하는 것에 자신이 없었습니다. 완벽하지 않아 어딘가 매력이 있다고 생각하는 작품입니다.

Q. Her 시리즈에서 제작과정 자체를 작품으로 만드신 이유는 무엇인가요?

우선 저는 그림을 그리기 시작할 때부터 제가 어떻게 그리고 있는지 궁

금해서 영상을 찍었어요. 그림을 정식으로 배워서 그린 게 아니라 어떻게 하다 완성되었는지 저 스스로 궁금했지요. 그러다가 NFT를 만났는데 디지털 작업은 할 줄 아는 게 거의 없는 상태였어요. 손 그림으로 민팅할 수 있는 게 뭐가 있을지 고민하는데 에프터 이펙트도 전혀 하지 못해서 고민이었지요. 그동안 저는 인스타와 유튜브에 그림 그리는 과정을 올렸는데 "아무 생각 없이 보게 된다, 힐링이 된다."라는 댓글이 많았습니다. 그래서 이대로 민팅해도 되지 않을까 생각했지요. 멋진 디지털 작업이 많고 때로 저도 컬렉팅 하지만, 디지털 그림에서는 느낄 수 없는 사람의 온기가 손 그림에서는 더 느껴지지 않을까? 저는 손 그림에는 그 사람이 담긴다고 생각합니다. 한 장의 이미지가 아니라 저 너머에 사람이 느껴지잖아요. 오히려 질리지 않는 매력이 있겠다고 판단했습니다.

도표 3-37 • YAYO <YAYO HER> 스틸컷

Q. NFT 활동 이전에는 어떤 일을 하셨나요?

스타일리스트 일을 오래 했었는데 번아웃이 오고는 긴 시간을 방황했어요. 그러다가 그림을 만나고 그림에 몰입하며 치유받기 시작했습니다.

Q. NFT 진입 시기는 언제쯤이며 어떤 계기로, 어떤 경로로 시작하게 되셨나요?

2021년 3월에 시작했고, 그 당시 클럽하우스가 유행하던 때였어요. 우연히 NFT에 대해 듣게 되었습니다.

Q. 주로 활동하는 NFT 작가 커뮤니티가 있으신가요? 있다면 소개 부탁드립니다.

국내 NFT의 시작이라고 할 수 있는 '클하 NFT'에 있고 거기서 만난 제로디 작가님의 '리드미컬 클럽'에서도 활동 중입니다.

Q. NFT 활동 시작부터 첫 판매까지는 얼마나 걸렸나요?

8일 후 판매된 것으로 기억합니다.

Q. 작품 제작 주기는 어느 정도인가요?

작업마다 다른데 스케치 없이 그리는 잉크드로잉은 매일 그리고, 매일 민팅하는 것이 가능했습니다.

Q. 주로 어떤 마켓플레이스에서 활동하시나요?

오픈씨에서만 활동했는데 파운데이션 작품이 준비되어서 인터뷰 시점에

도표 3-38 • YAYO
<YAYO HER #100> 스틸컷

서 내일 첫 드롭 예정입니다.

Q. 작가님만의 판매 비결이 있으시다면 살짝만 공개 부탁드립니다.

원래는 굉장히 소극적이고 나를 드러내지 않는 성격인데 NFT에서는 트위터 활동을 열심히 했어요. 어떤 좋은 일이 생기면 반드시 홍보를 하고 판매가 되면 꼭 판매 트윗을 작성했지요. 그러면 그 트윗을 본 사람들이 무슨 작품인데 샀는지 궁금해지고 나도 갖고 싶다는 생각이 들거든요. 어떤 움직임이 있으니 죽어 있는 곳이 아니구나 인식하게 되잖아요. 이런 점들은 컬렉션을 많이 해봄으로써 자연스럽게 알게 된 것 같아요. 그래서 다른 작가님들께도 판매하고 싶으면 컬렉을 해보라고 권유하곤 합니다.

Q. 기억에 남는 컬렉터가 있으신가요?

우선 지속적으로 저를 지켜봐 주는 컬렉터 분들은 늘 생각납니다. 특별히 기억나는 경우는 PFP만 가지고 있던 어떤 외국 분인데, 제 작품을 본인이 구입한 첫 파인 아트(순수미술)라고 이야기해 주고 '보어드 에이프 요트클럽bayc, Bored Ape Yacht Club', '쿨캣 디스코드'에 데리고 다니며 홍보해 주셨어요. 지금도 자주는 아니지만 트위터 디엠DM으로 새로운 소식들을 공유하고 있습니다. 또 한 가지 사례는, 폴리곤Polygon이 없던 시절 저의 첫 'her' 그림의 반응이 궁금해서 0 이더로 리스팅 했었지요. 그런데 제 작품을 구입한 분

도표 3-39 • **블룸버그 방송에 출연한 <YAYO BICHON FRISÉ>**

께 디엠이 온 거예요. 0 이더에 가져온 건 너의 작품을 훔친 것 같다면서 제게 이더를 보내주셨어요. 그리고 2차로 제 픽셀 작업을 구입해 주신 분은 블룸버그 채널에 제 작품이 나왔다고 알려주셔서 무척 감사했던 기억이 있어요. 그 컬렉터 분이 아니었으면 영원히 모를 뻔했으니까요.

Q. 작품 활동 중 가장 행복했던 순간은 언제였나요?

하루에 40개 이상 판매되었을 때도 좋았지만, 판매와 상관없이 컬렉터가 저를 홍보해 줄 때가 가장 행복했습니다. 저에 대한 확실한 믿음이 있어야 할 수 있는 일 같아서요.

Q. 작품 활동 중 가장 힘들었던 순간은 언제였고 어떻게 해결하셨나요?

판매가 안 되는 시기가 있는데 힘이 많이 빠지거든요. 그런 시기에는 새로운 툴을 배우면서 마음을 다잡았습니다.

도표 3-40 • YAYO <INSIDE THE SAILBOAT> 스틸컷

Q. 작가로서 특별히 전환점이 된 포인트가 있으실까요?

인터뷰 시점에서 바로 어제 첫 개인전을 했습니다. 인스타 라이브로 강의를 했는데 처음으로 저를 밖으로 드러냈다고 생각해요. 우울했던 기간에 안으로만 숨던 제가 부끄럽지만 용기내어 껍질을 벗고 바깥으로 나온 것 같습니다. 혼자서는 할 수 없었고 리드미컬 클럽에서 기회를 만들어 주셔서 이렇게 되었다고 생각합니다. 저는 이런 인터뷰 요청에 바로 "네!"라고 하는 사람이 아니었거든요.

도표 3-41 • YAYO <FISH MARKET> 스틸컷

Q. 앞으로의 활동 계획을 알고 싶습니다.

NFT 시장과는 상관없이 계속 그림을 그리기로 결정한 사람이라서요. NFT 활동과 동시에 좋아하는 작업도 많이 할 생각입니다.

Q. 현재 NFT 작품 활동 외에도 하는 일이 있으신가요? 있다면 어떤 일을 하고 계신가요?

현재로서는 NFT로 24시간 돌아가고 있습니다.

Q. 최근 NFT 시장에 대해서 기대되는 점이나 우려되는 점이 있으신가요?

타임랩스를 민팅하게 된 이유 중 하나가 카피나 사기가 두려웠기 때문이에요. 내 작품이 카피를 당할 위험과 나도 모르게 사기에 걸려들게 되는 것이 걱정됩니다.

Q. 국내외 불문하고 최애작가 한 분만 소개해 주세요.

마티스Matisse를 좋아하고 그의 철학에 동의합니다.

Q. 이제 막 시작하려는 작가분께 한마디 부탁드립니다.

기대했던 것보다 판매가 되지 않아도 지치면 안 되고 꾸준히 해야 합니다. NFT 세상은 속도가 굉장히 빠르기 때문에 정보를 위해서라도 커뮤니티가 중요합니다. 차가운 세계 같지만 생각보다 따뜻합니다. 초반에는 해외 컬렉터 지갑에 왜 저런 것만 있지?(PFP를 몰랐던 시절) 하며 너무 낯설게만 느껴졌지요. 알고 보니 그는 인디 뮤지션이었고 '아, 사람이구나. 지갑 저 너머에 사람이 있구나!' 하는 것을 느꼈습니다. 마지막으로, 본인이 경험을 쌓게 되면 초기 진입하는 작가님들께 내리사랑을 해주시라고 부탁드리고 싶습니다.

인스타그램 ID: somanyego | 트위터 ID: somanyego

Q. 작가님 간단한 소개 부탁드립니다.

안녕하세요. 저는 서울에서 작품 활동을 하고 있는 정규민이라고 합니다.

나이는 만 나이로 24세이며 그림 이외에도 배우, 음악, 감독 일을 하고 있습니다.

여러 가지 일을 하기에 그 일에 맞는 자아가 필요하여 'SO MANY EGO' 라는 슬로건을 내세우고 있습니다.

Q. 작가님의 작품 세계 또는 대표작(혹은 시리즈)을 소개해 주세요!

저의 대표 시리즈는 'SOCIETY'와 'LIFE' 시리즈입니다. 대표작은 고르지 못하겠습니다.

Q. 작가님 작품 중 최애작은 무엇인가요? 그 이유는?

〈21st Century Desire-Building Owner/ Desire designed by Seoul, 21세기 욕망-건물주/ 서울이 디자인한 욕망〉이라는 제목의 작품입니다. 제

상상보다 더 만족스러운 결과물이기 때문입니다.

도표 3-42 • **정규민 <21st Century Desire - Building Owner / Desire designed by Seoul>**

Q. SOCIETY 시리즈의 아이디어는 주로 어디서 얻으시는지 궁금합니다.

신문, 삶, 대화, 관찰, 독서에서 아이디어를 얻는 것 같습니다.

Q. NFT 활동 이전에는 어떤 일을 하셨나요?

계속 그림을 그리고 음악을 만들고 배우 일을 하였습니다.

Q. NFT 아트를 시작하고 변한 게 있다면 어떤 게 있으실까요?

경제적 자유가 생겼습니다. 수입의 변화가 가장 큰 것 같습니다.

도표 3-43 • 정규민 <2021 Earth Croqui 2>

Q. NFT 진입 시기는 언제쯤이며 어떤 계기로, 어떤 경로로 시작하게 되셨나요?

작년 5월부터 시작했습니다. 잡지에서 블록체인 기술을 보다가 봤던 것 같습니다.

Q. NFT 작업을 시작하시고 첫 판매까지는 얼마나 걸렸나요?

2주 정도 걸렸던 것 같습니다.

Q. 작품 제작 주기는 어느 정도인가요?

작품마다 다릅니다. 2일이 걸릴 수도 있고 아이디어에서 계속 머물러 있다가 이때다 싶어 그리는 작품도 있어서 상상에만 있던 작품이 1년, 2년 뒤에 완성될 수도 있습니다.

Q. 주로 어떤 마켓플레이스에서 활동하시나요?

오픈씨와 파운데이션입니다. 슈퍼레어에도 도전할 생각입니다.

Q. 별도로 홀더 커뮤니티도 관리하시나요?

중요성을 느끼고 있지만 섣불리 행동하고 있진 않습니다.

Q. 작품 활동 중 가장 행복했던 순간은 언제였나요?

작품이 완성되는 그 순간의 3분, 늘 그 마지막 순간이 가장 행복합니다.

Q. 작품 활동 중 가장 힘들었던 순간은 언제였고 어떻게 해결하셨나요?

작품이 뜻대로 나오지 않을 때, 나의 부족함과 마주할 때, 그럴 땐 그냥 계속 그립니다.

Q. 작가생활에 있어서 특별히 전환점이 된 포인트가 있으실까요?

NFT로 인한 수익변화입니다.

Q. 이제 막 시작하려는 작가분께 한마디 부탁드립니다.

포기하지 않으시면 모두에게 기회가 있다고 생각합니다.

도표 3-44 • 정규민 <Thinking person?>

트위터 ID: monster_1358 I 오픈씨: opensea.io/collection/streetmonster
오픈카톡방: open.kakao.com/o/gpXJbUPd
쿨곰: opensea.io/collection/coolgom-sweet-party

Q. 작가님 간단한 소개 부탁드립니다.

안녕하세요 스트릿 몬스터를 그리는 몬스터1358 작가입니다.

Q. 작가님의 작품 세계 또는 대표작(혹은 시리즈)을 소개해 주세요!

대표작은 스트릿 몬스터이고, 그 안에 다양하게 표현된 몬스터들이 저의 작품관이라고 할 수 있을 것 같네요. 제가 본 드라마나 영화 등에서 받은 여러 가지 영감이 그대로 표현되어 있는 작품들입니다.

도표 3-45 • **스트릿 몬스터 이야기(걱정인형)**

내가 힘들고 어려울 때 내 곁에 있어주는 스트릿 몬스터!!!

여러 가지 감정들에서 태어난 이 친구들은 부정적인 감정을 먹고 자란답니다.

주인님들의 잊고 싶은 감정들을 먹고 마시며 살아가는 몬스터들은

당신 삶의 걱정을 모두 해결해 줄 거예요.

혹시 지금 힘들고 걱정이 많으신가요?

옆을 둘러본다면 당신만의 몬스터가 당신을 바라보고 있을지도 몰라요!

Q. NFT 활동 이전에는 어떤 일을 하셨나요?

현재 일러스트 작가로도 일하고 있습니다. 지금까지 햇수로 11년 동안 일하고 있어요.

Q. NFT 진입 시기는 언제쯤이며 어떤 계기로, 어떤 경로로 시작하게 되셨나요?

10년간 일러스트 작가로 지내다 최근에 이겨내기 힘든 시기가 와서 공황장애가 올 것 같았어요. 주변에서 계속 이겨내라는 말을 들었는데 저는 그런 말들이 싫었습니다. 나 자신을 그대로 받아들여 주는 것을 원했고, 나를 그대로 이해해 주길 바랐습니다. 그런 대상을 만들고 싶어서 나만의 몬스터를 만들게 되었습니다. NFT 공부는 2021년 8월 정도부터 시작했고, 본격적으로 NFT를 시작하면서 '스트릿 몬스터' 시리즈를 사람들에게 선보인 것은 2021년 11월 초반입니다.

도표 3-46 • 몬스터1358 <Streetmonster #0155>

Q. NFT 아트를 시작하면서 바뀐 게 있다면 무엇일까요?

자유롭게 그림을 그려서 많은 사람에게 보여줄 수 있는 점이 좋습니다.

Q. 주로 활동하는 NFT 작가 커뮤니티가 있으신가요? 있다면 소개 부탁드립니다.

제가 많이 활동하는 커뮤니티는 '크립토비CRYPTO-BE'이고 그 외 여러 NFT 커뮤니티에서 활동하고 있습니다.

Q. 첫 리스팅부터 첫 판매까지는 얼마나 걸렸나요?

저는 감사하게도 첫 리스팅 후 바로 판매가 되었습니다. 운이 좋은 케이스였던 것 같아요.

Q. 작품 제작 주기는 어느 정도인가요?

초기 진입 때는 활발하게 평일 매일 4개씩 작업하여 민팅했는데요, 지금은 다른 NFT 프로젝트를 병행하고 있기 때문에, 일주일에 두 번 정도 자유롭게 민팅하고 있어요.

Q. 주로 어떤 마켓플레이스에서 활동하시나요?

오픈씨에서 클레이튼으로 작품을 판매하고 있습니다.

Q. 작가님만의 판매 비결이 있으시다면 살짝만 공개 부탁드립니다.

특별한 판매 비결은 없는 것 같고, 항상 트위터로 NFT에 관심이 있는 많은 분들과 소통하는 편입니다. 또한 스트릿 몬스터는 현재 200개 컬렉션이 있는데, 그 안에서 비슷한 콘셉트의 몬스터들이 하나의 작은 컬렉션을 형성하도록 작품을 그려내고 있고, 이러한 방법은 홀더 분들이 스트

릿 몬스터를 수집하는 데 하나의 재미 요소가 될 거라고 생각합니다. 이런 것도 판매 비결이라면 비결이 될 수 있는지 모르겠네요.

Q. 기억에 남는 컬렉터가 있으신가요?

'우가우가 원주민 몬스터' 시리즈 4개를 민팅했던 날이 있었는데요, 한 홀더 분께서 4개를 모두 구매해 주신 적이 있었어요. 이렇게 한 분이 한 컬렉션을 소장하는 것 또한 제가 원했던 부분이기도 해서 참 뿌듯했던 것 같습니다.

도표 3-47 • 몬스터1358
<Streetmonster #0105>

Q. 몬스터 커뮤니티는 어떻게 관리하시며 분위기는 어떤가요?

몬스터 커뮤니티는 카카오톡 오픈채팅으로 운영 중이고, 다들 편안한 분위기에 소소한 대화를 나눕니다. NFT 커뮤니티에서 다 같이 활동하시고 매일 보는 분들이라 대부분 친하지요

매일 아침마다 "몬하~, 굿몬닝~" 하면서 인사해 주는 것을 보면 참 귀엽고 소중하고 힘이 되는 사람들이라는 생각이 듭니다.

Q. 혼자 PFP를 만들고 커뮤니티 관리를 한다는 게 벅차시지는 않나요?

처음에는 여러 가지 관리를 하려고 했지만, 아무래도 시간이 지나다 보니 시간을 많이 할애하기는 힘들어져서 현재는 소통 및 공지방으로 활용하고 있습니다.

Q. 작품 활동 중 가장 행복했던 순간은 언제였나요?

제 작품이 걱정인형을 모티프로 만들어진 작품인데, 그 걱정인형으로 위로를 받았고 힘을 얻었다는 이야기를 들었을 때입니다.

Q. 작품 활동 중 가장 힘들었던 순간은 언제였고 어떻게 해결하셨나요?

스캠 계정이 생겨 제 작품을 이더리움으로 판매한 것이 가장 힘들었어요. 제가 힘들게 그려낸 작품을 단순하게 복사 붙여넣기로 찍어내는 것이 정말 보기 싫었습니다. 홀더 분들께도 부탁하여 밤낮 가리지 않고 신고한 결과 금방 오픈씨에서 삭제해 주었습니다.

Q. 최근 시작하신 쿨곰도 소개 부탁드립니다.

쿨곰은 달콤한 파티를 하고 싶은 귀여운 곰들로 구성된 제너레이티브 아트generative art입니다. 쿨곰 NFT를 소유하신 홀더는 쿨곰의 스윗 파티에 참여할 수 있는데, 쿨곰 스윗 파티는 쿨곰 NFT 판매 수익에서 나오는 이자의 일부를 한 달에 한 번 홀더 중 한 명에게 몰아주는 이벤트입니다. 스트릿 몬스터는 수작업 PFP 캐릭터 아트라, 여러 가지 이벤트라든지 에어드롭airdrop이 힘들었는데, 팬서비스 개념으로 제너레이티브 아트를 만들어서 여러분들과 소통할 수 있어서 너무 좋습니다.

도표 3-48 • 쿨곰 스윗파티 홍보 이미지

Q. 현재 NFT 작품 활동 외에도 하는 일이 있으신가요? 있다면 어떤 일을 하고 계신가요?

일러스트 작가로서의 활동은 여전히 진행 중이고, NFT 작품 활동으로는 스트릿 몬스터를 좋아해 주시는 한 팬분과 함께 3D 스트릿 몬스터 작품을 제작중입니다. 그래서 앞으로도 스트릿 몬스터로 여러 가지 모습들을 보여드리고 싶습니다.

도표 3-49 • **3D로 제작중인 스트릿 몬스터**

Q. 앞으로의 활동 계획을 알고 싶습니다.

스트릿 몬스터로 많은 사람과 더 많은 소통을 하고 싶습니다. 예를 들어 3D 스트릿 몬스터는 작품을 출시하고 난 후에 홀더 분들께 아트토이로 제작할 기회를 드리면 어떨까 하는 생각을 했었는데요. 이와 같이 홀더 분들이 스트릿 몬스터 아트토이를 소유하고, 이것을 통해 스트릿 몬스터가 더 실제와 가깝게 느껴진다면 참 좋을 것 같습니다. 또한 개인적인 아트보다는 대형 NFT 프로젝트에 참여해서 더 많은 경험을 쌓아 더 넓은 활동영역을 가진 작가가 되고 싶습니다.

Q. 최근 NFT 시장에 대해서 기대되는 점이나 우려되는 점이 있으신가요?

지금 세계적으로 많은 기업이 NFT 시장에 뛰어들고 있습니다. 이로 인해 시장이 더 크게 형성될 가능성이 있고, 더 많은 사람이 NFT에 대해 관심을 갖게 되어 지금보다 더 큰 시장이 될 수 있다는 것이 기대됩니다. 반대로 현재 코인 시장이 하락기를 겪으며 NFT 시장 또한 영향을 받게 되는 것이 우려되는 점이라고 할 수 있겠네요.

Q. 이제 막 시작하려는 작가분께 한마디 부탁드립니다.

현재 NFT 시장은 대부분 제너레이티브 아트로 이루어진 시장이라고 볼 수 있는데요, 저와 같이 수작업으로 진행하는 소규모 NFT 아트 작가들에게는 힘든 시장이라고 할 수 있습니다. 그림을 그리는 것은 물론이고, 홍보와 이벤트 같은 마케팅 활동 또한 혼자 진행해야 하기 때문에 쉽지는 않을 겁니다. 하지만 꾸준히 활동을 하신다면 분명 만족할 만한 성과를 얻으실 수 있을 겁니다. 많은 사람과 만나 소통하고 즐기면서 작업하시는 것을 추천합니다.

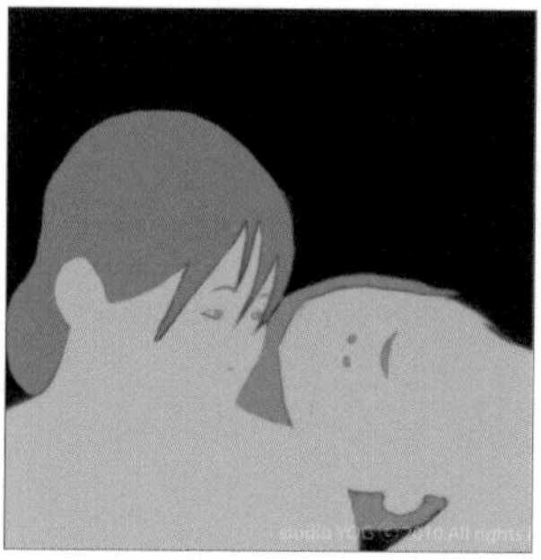

인스타그램 ID: studio.yog | 트위터 ID: studioYOG
링크트리: linktr.ee/studioYOG

Q. 작가님 간단한 소개 부탁드립니다.

YOG는 김예영과 김영근, 두 사람으로 이루어진 애니메이션 아트 듀오입니다. 애니메이션을 기반으로 NFT, 메타버스, VR, 영화, 뮤직비디오, 미디어아트 작업을 합니다.

김영근은 개인적으로 '돈신궁예'라는 유튜버로도 활동하고 있습니다.

Q. 작가님의 작품 세계 또는 대표작(혹은 시리즈)을 소개해 주세요!

저희는 늘 '보이지 않는 것'에 관심이 있고 다른 시선으로 본 세상을 상상하는 것을 즐깁니다. 모든 존재는 각자의 움벨트(주관적으로 인지하는 세계) 안에서 살아간다는 자각과, 그것을 전제로 다른 움벨트를 이해하려는 노력, 그리고 그 과정에서 이루어지는 움벨트의 확장을 통해 세상이 조금 더 다채로워지고 따뜻해질 수 있다고 믿습니다.

NFT 아트 대표작은 벽과 틀이 없는 도시의 모습을 그린 '휴먼픽셀HumanPixel' 시리즈와 시각이 아닌 다른 감각을 시각화하는 프로젝트인 '감

도표 3-50 • YOG 〈HumanPixel - Subway〉 스틸컷

각지도Synesthesia Map' 시리즈가 있습니다.

Q. 작가님 작품 중 최애작은 무엇인가요? 그 이유는?

국내 마켓인 위믹스WEMIX 옥션에서 판매되었던 〈휴먼픽셀-시티HumanPixel-City〉라는 작품입니다. 지금 진행하고 있는 휴먼픽셀 시리즈의 시작점이라고 할 수 있는 작업물인데요, 6분짜리 단편 애니메이션을 거의 원형 그대로 민팅한 것입니다. NFT 작품은 그 길이의 한계(오픈씨 100mb, 파운데이션 50mb) 때문에 담을 수 있는 애니메이션의 길이가 매우 짧은 편인

데요, 위믹스 옥션은 200mb까지 가능하다는 이야기를 듣고, 6분이 넘는 작업도 해볼 수 있겠다는 생각이 들어 참여하게 되었습니다. 저희 휴먼 픽셀 시리즈의 중심이 되는 작품인 만큼 애정도 큽니다.

도표 3-51 • YOG <HumanPixel - City> 스틸컷

Q. NFT 활동 이전에는 어떤 일을 하셨나요?

10년 전부터 애니메이션을 기반으로 단편 애니메이션, 뮤직비디오, VR 콘텐츠, 미디어 아트 등의 작품 활동을 했습니다. 상업적인 활동으로는 게임 프로모션 영상과 버츄얼 가상캐릭터 제작, 메타버스 구축작업을 하고 있습니다. 비정기적으로 '텐트 영화제'라는 행사를 진행하기도 합니다.

Q. NFT 진입 시기는 언제쯤이며 어떤 계기로, 어떤 경로로 시작하게 되셨나요?

2021년 4월경, 오랫동안 친분이 있던 홍학순 작가의 추천으로 '클하 NFT 모임'이라는 단톡방에 들어가게 되면서 공부하기 시작했습니다. 이전부터 저희의 애니메이션이 미술작품으로 인정받을 수 있는 방법을 고민해

오고 있었기 때문에, 디지털 자산의 소유권을 사고팔 수 있다는 NFT의 개념이 특히 매력적으로 다가왔습니다.

도표 3-52 • YOG <감각지도 - 시원한 나뭇잎의 촉감> 스틸컷

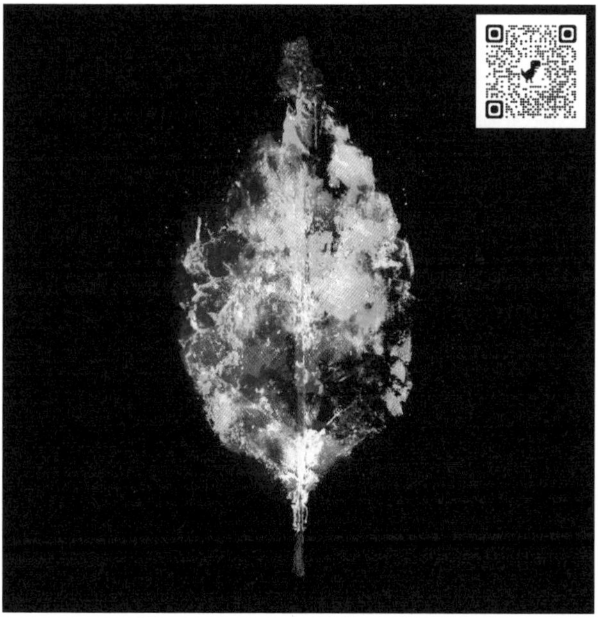

Q. 주로 활동하는 NFT 작가 커뮤니티가 있으신가요? 있다면 소개 부탁드립니다.

'클하 NFT' 모임은 고향 같은 곳이라 지금도 종종 들어가고, 그 소모임인 '클하 VR ART'에도 가입되어 있습니다. 또한 돈신궁에 방송을 준비하면서 '리드미컬 NFT 클럽'에 대해 알게 되어서 조금씩 참여하고 있습니다.

Q. 첫 작품 리스팅부터 첫 판매까지는 얼마나 걸렸나요?

한달 반 정도 걸렸습니다.

Q. 작품 제작 주기는 어느 정도인가요?

초반에는 2~3주에 한 번 진행했으나 중간에 다른 프로젝트들을 진행하면서 한동안 휴식기를 가졌습니다. 최근 다시 작업을 시작하였는데, 앞으로도 2~3주에 한 점 제작을 목표로 하고 있습니다.

Q. 주로 어떤 마켓플레이스에서 활동하시나요?

'휴먼픽셀' 시리즈는 파운데이션을 활용해 왔고, '감각지도' 시리즈는 국내 플랫폼인 비블록NFT에서 주로 발행될 예정입니다.

그 외에도 최근 국내외에 새로운 플랫폼들이 많이 생기고 있어 늘 관심을 갖고 지켜보고 있습니다. 제가 하려는 작업과 가장 잘 맞는 플랫폼을 찾는 지속적인 노력이 필요한 것 같습니다.

도표 3-53 • YOG <Human Pixel - Morning> 스틸컷

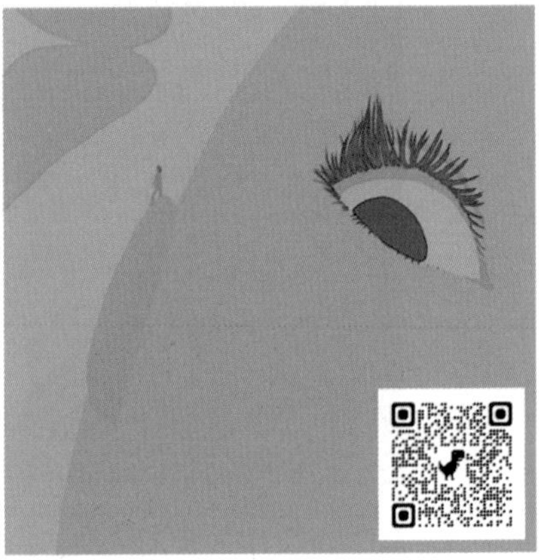

Q. 작가님만의 판매 비결이 있으시다면 살짝만 공개 부탁드립니다.

작품의 판매는 곧 아티스트와 컬렉터의 만남을 의미합니다. 나를 알아봐주는 컬렉터를 만나야 하고, 더 멋진 모습을 보여주기 위해 노력해야겠죠. 그래서 전시, 커뮤니티, SNS 활동 등 작품을 알릴 수 있는 기회가 있다면 최대한 열심히 참여 하려고 노력하고 있습니다.

Q. 기억에 남는 컬렉터가 있으신가요?

뮤지션 그라임스와 함께 〈워 님프〉라는 화제의 작품을 만든 맥이라는 아티스트가 저희 작품을 구매해 주셨는데, 본인 트위터에 장문의 감상평을 남겨주셔서 큰 감동을 받았습니다.

Q. 작품 활동 중 가장 행복했던 순간은 언제였나요?

내 작품의 가치를 알아봐주고 공감하는 사람들을 만날 때 가장 행복합니다. 영화제에서도 작품이 상영될 때에도 관객과의 대화를 통해 관객의 소감을 듣고 생각을 나누는 시간이 가장 좋습니다. NFT 아트는 그 과정이 SNS 상에서 바로 진행된다는 점이 큰 매력인 것 같습니다. NFT 아트를 시작한 뒤에는, 휴먼픽셀 시리즈의 첫 컬렉터인 맥 작가가 저희 작품에 대한 장문의 감상평을 트위터에 게시한 것을 보았을 때 정말 기뻤습니다.

Q. 작품 활동 중 가장 힘들었던 순간은 언제였고 어떻게 해결하셨나요?

도표 3-54 • YOG 〈Human Pixel - Good night〉

열심히 만든 작품이 예상보다 반응이 저조할 때는 어쩔 수 없이 의기소침해집니다. 하지만 내 작품을 좋아해 줄 컬렉터가 분명 어딘가 있으리라 생각하고 다양한 온·오프라인 전시에 적극적으로 참여하며 열심히 홍보했습니다. 또 다른 이름의 부계정을 만들어서 더 가볍고 자유로운 작품을 만들어 판매하면서 NFT 시장의 감을 익히기 위해 노력했습

니다. 그러자 부계정에서부터 작품이 잘 팔리기 시작했고 본계정인 YOG 작품도 결국 판매가 이루어지게 되었습니다.

Q. 앞으로의 NFT 작품 활동 계획을 알고 싶습니다.

'휴먼픽셀' 시리즈를 계속 이어가며 발전시키고자 합니다. 앞으로는 보다 디테일한 이야기를 다루게 될 것 같습니다. 또한 이를 VR로 구현하는 방향으로도 고민하고 있습니다.

한편, 새롭게 '감각지도' 시리즈를 시작하고 있습니다. 이 시리즈를 통해서 시각장애인과 비 시각장애인이 모두 함께 즐길 수 있는 유니버셜 메타버스를 연구하고 구축해 나갈 계획을 갖고 있습니다.

Q. 최근 NFT 시장에 대해서 기대되는 점이나 우려되는 점이 있으신가요?

아직 시작단계인 시장에 너무 많은 돈과 관심이 몰리다 보니 정말 많은 사기꾼이 보입니다. 거품이 걷어지면 같이 사라지겠지만, 그 과정에서 피해를 보는 사람들이 너무 많아서 걱정입니다. 성장통을 잘 이겨내고 건강한 예술의 장으로 잘 정착되길 바라고 있습니다.

Q. 국내외 불문하고 최애작가 한 분만 소개해 주세요.

PAK을 가장 좋아합니다. 크립토 아트Crypto Art의 정수를 보여주고 있다고 생각합니다.

Q. 이제 막 시작하려는 작가분께 한마디 부탁드립니다.

두려움과 의심의 벽을 조금만 넘으면, 너무나도 재밌고 흥미진진한 세상이 보일 겁니다.

4장

NFT의 다양한 활용과 전망

NFT의 다양한 활용성

디지털 시대의 수집품

영국의 대표적인 사전 출판사 콜린스가 선정한 2021년의 단어는 'NFT'다. 하지만 이미 2020년에 뜨거운 화제가 되었던 NFT가 있으니, 바로 NBA 탑샷Top Shot이다.

NBA 탑샷의 제작사 '대퍼랩스Dapper Laps'는 2018년에 NFT의 초기모델 중 하나인 가상화폐 게임 '크립토키티CryptoKitties'를 제작하여 엄청난 인기를 모은 바 있다. 그리고 그 뒤를 이어 NBA와 파트너십을 맺고 2020년 6월에 'NBA 탑샷'을 출시했다.

NBA 탑샷은 미국 프로농구 명장면들을 마치 카드처럼 수집할 수 있도록 한 프로젝트인데, 런칭 8개월 만에 누적 매출이 5억 달러를 돌파하며 선풍적인 인기를 끌었다. 2021년 중순에는 우후죽순 생겨나는 다른 NFT 프로젝트들에 밀려 인기가 사그라드는 듯 보였으나, 2022년 1월에도 판

도표 4-1 • NBA 탑샷 홈페이지

매량 72% 상승을 기록하며 여전히 건재함을 보이고 있다.

NBA 탑샷은 미국인들 특유의 카드 수집, 게임 문화를 완벽하게 공략했고 세련된 UI와 현금결제 기능을 통해 대중화에 성공했다. 이는 현재 전 세계의 스포츠와 엔터테인먼트 산업 전반에 불고 있는 NFT 열풍으로 이어지고 있다. 지금의 추세라면 2022년 내에 수많은 수집형 NFT들의 등장을 볼 수 있으리라 생각한다.

기념이 될 만한 무언가가 희소성 있게 존재할 때 사람들은 수집욕을 느낀다. 예전에는 그것이 우표, 엽서, 사진, 프라모델 등 아날로그 미디어의 형태였다. 하지만 세상이 디지털화되기 시작한 지도 많은 시간이 흘렀고, 디지털 데이터 중에도 역사적이거나 의미 있는 자료들도 많이 생겨났다. 그러한 자료들이 NFT를 만나 수집품으로 거듭나고 있는 것이다. 2021년 3월, 32억 원에 낙찰되어 화제를 모았던 트위터 CEO 잭 도시의 첫 트윗이나, 작년 말에 약 1,000만 원에 낙찰되었던 무한도전 '무야호' 짤 역시 비슷한 케이스라고 할 수 있다.

도표 4-2 • 잭 도시의 첫 트윗

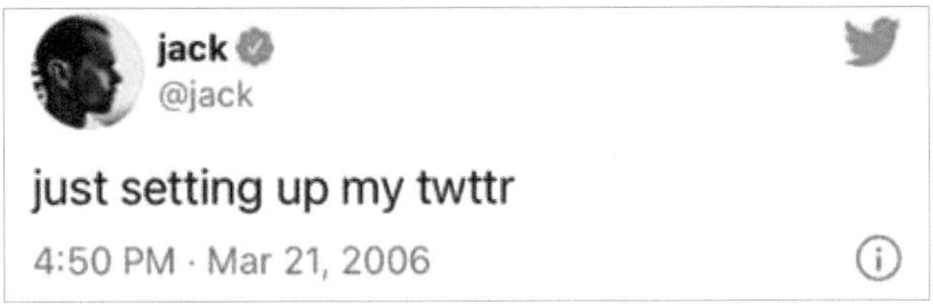

출처: 잭 도시 트위터

도표 4-3 • 무한도전 무야~호~ 그만큼 신나시는 거지

이제 모든 것이 디지털로 만들어지고 기록되는 시대인 만큼, 수집품이 될 만한 데이터들은 끝없이 생산될 것이고, 그에 따라 NFT화된 디지털 기념품들 역시 끝없이 나오게 되지 않을까?

PFP – 저스틴 비버의 15억 8,000만 원짜리 프사

2022년 1월 29일, 팝스타 저스틴 비버Justin Bieber가 500 이더리움, 한화로 약15억 8,000만 원에 이 원숭이를 샀다고 알려져 화제가 되었다. 미국의

도표 4-4 • **저스틴 비버와 에미넴의 프사**

저스틴 비버 **에미넴**

랩퍼 에미넴Eminem도 한화로 약 5억 5,000만 원에 이 원숭이를 샀다. 그 뿐만 아니라 페리스 힐튼Paris Hilton, 지미 팰런Jimmy Fallon, 스태픈 커리Stephen Curry, 스눕 독Snoop Dogg, 제이 지Jay Z, 포스트 말론Post Malone 등 수많은 유명인이 모두 이 원숭이 그림 시리즈의 구매자이다. 특히 에미넴과 지미 팰런은 트위터 프로필 사진으로 이 원숭이 이미지를 넣어두었다. 이들은 이 원숭이를 왜 이렇게 비싸게 사서 고작 트위터 프사로 쓰고 있는 걸까?

도표 4-5 • **에미넴과 지미 팰런의 트위터 프사**

이러한 NFT를 프로파일 픽처스, 줄여서 'PFP'라고 한다. 말 그대로 SNS의 프로필로 쓰기 좋을 만한 NFT를 말한다. NFT 마켓 오픈씨의 거래량 순위를 보면 높은 순위에 있는 컬렉션들은 대부분 PFP 프로젝트다. PFP는 주로 1만 개 정도가 한 번에 발행되곤 하는데, 인기 있는 프로젝트

는 단 몇 초 만에 매진되는 일이 흔하게 일어난다.

도대체 PFP가 무엇이길래 이렇게 많은 사람들이 열광하고 있는 걸까? 우리는 이미 삶의 많은 부분을 SNS 상에서 아이디와 프로필 이미지의 조합으로 이루어진 가상의 아이덴티티로 살아가고 있다. 때로는 현실보다 더 많은 에너지를 쏟아붓기도 하고 프사도 신경쓸 수밖에 없다.

그런데 이 SNS 프로필에 정품이 인증된 NFT 예술작품을 넣을 수 있다면 어떨까? 바쁜 사람이라면, 집 벽에 붙여 놓은 그림보다 내 프로필 이미지를 훨씬 자주 보게 될지도 모른다. 나의 SNS 친구들도 내 프사를 통해 멋진 작품을 함께 감상할 수 있게 된다. 사람들은 클릭만 해도 이 작품이 누구의 작품인지, 얼마인지, 진품인지 가품인지까지 바로 알 수 있을 것이다. 이를 통해 프로필 주인의 취향도 느낄 수 있고, 사회적 위치나 재력도 짐작할 수 있다. 이는 곧 예술작품의 아우라를 나의 개인 브랜드 아이덴티티로 쓸 수 있는 것이나 마찬가지다.

이런 용도로 제작된 NFT 프로젝트를 'PFP'라고 한다. 프로필 이미지이니 기왕이면 프로필 사진 같은 형태의 그림이 잘 어울릴 것이다. 그래서 대부분의 PFP 프로젝트는 이렇게 증명사진 같은 단순한 형태가 많다.

도표 4-6 • **크립토펑크**

2022년 1월부터 트위터는 프로필 사진에 NFT를 넣을 경우 인증 표시를 달아주는 서비스를 시작했다. 육각형 형태로 보여지는 이미지는 NFT

가 인증되었다는 뜻이다. 미국의 커뮤니티 사이트 '레딧'을 비롯해서 '메타'도 페이스북과 인스타그램에 이런 기능을 추가할 계획이라고 한다. 이 추세라면 머지않아 카카오톡, 유튜브도 그렇게 되지 않을까?

도표 4-7 • **트위터 블루**

한편, 같은 컬렉션이면 가격도 같이 움직이기 때문에 소유자들끼리는 이익공동체라고 볼 수도 있다. 같은 PFP를 구매했다면 취향이나 생각이 비슷한 면도 있기 마련이다. 그러다 보니 같은 컬렉션의 소유자끼리 연대감이 생기고 커뮤니티가 형성되기 쉽다. 커뮤니티의 가치가 올라가면 NFT의 가치도 함께 올라가는 셈이다. 그래서 PFP 프로젝트들은 커뮤니티를 형성하고 잘 운영하는 것에 굉장히 많은 노력을 기울인다.

BAYC는 홈페이지에 NFT를 보유한 사람만이 들어올 수 있는 공간이 있다. 홀더들에게 주기적으로 새로운 NFT를 무료로 보내주기도 하며, 오프라인에서도 멤버만 참가할 수 있는 고급 프라이빗 행사를 열기도 한다. 공식 행사 외에도 홀더들끼리 알아서 주최하고 모이는 행사도 많다고 한다. 결국 NFT가 커뮤니티 입장권 역할을 하게 되는 것이다.

PFP의 이러한 속성을 잘 활용하면, 사업가는 사업 자금과 충성도 높은 고객을 동시에 확보할 수 있고, 예술가들은 작품 제작비와 열광적인 팬

도표 4-8 • BAYC 홀더 전용 공간

클럽을 동시에 마련할 수 있을 것이다. 또한 무언가 재미있는 일을 벌이고 싶은 사람들, 의미 있는 움직임을 만들고 싶은 사람들에게도 커뮤니티를 만들고 함께할 사람들을 모으는 좋은 수단이 될 것이다.

그런데 PFP는 일반 투자자의 입장에서도 매력적인 부분이 있다. 지난해부터 재태크 시장에 아트 투자 열풍이 불어서 미술 경매시장 규모만 3배가 늘었다고 하지만, 사실 미술투자는 주식투자와 비교했을 때 어려운 점이 많다. 물론 주식도 공부가 필요하지만 대부분의 자료가 수치화되어 있는 반면, 미술은 가격 외에는 어떤 게 더 비싸고 어떤 게 더 싼지 가늠할 수 있는 수치적 데이터가 없다. 그러니 가치판단이 어려운 만큼 환금성도 떨어질 수밖에 없다. 이는 NFT 아트도 마찬가지다. 투자를 하기 위해서는 공부할 것이 정말 많다. NFT 투자가 수익성이 좋다는 이야기를 듣고 투자에 뛰어들었다가 이러한 어려움에 투자를 포기하는 분들도 많은데, PFP는 이런 분들께 매우 좋은 대안이 될 수 있다.

일단 PFP는 단순한 증명사진 형태가 대부분이기 때문에, 예술에 대한 깊은 조예가 없어도 이해하기 쉽다. 게다가 프로젝트에서 운영하는 홈페이지나 SNS에는 디테일한 설명과 함께 향후 계획도 자세히 정리되어 있는 경우가 많다. 디스코드방 등 홀더 커뮤니티를 함께 운영하기 때문에 다른 투자자들의 생각이나 분위기도 쉽게 파악할 수 있다.

가격을 판단하기도 쉽다. 한 컬렉션 당 보통 1만 개 정도가 발행되는데, 수량이 많다 보니 '가격대'라는 게 형성되는 것이다. 현재 바닥가(최저가)는 얼마이고 최근 거래가격은 얼마인지, 시세가 오르고 있는지, 얼마나 많은 거래가 이루어지고 있는지 등을 매우 쉽게 알아볼 수 있다. 부동산 시장에서 빌라나 단독주택보다 아파트가 가격을 가늠하기 쉬운 것과 같은 원리다.

아파트로 더 예를 들어본다면, 같은 단지 내에서도 몇 층인지, 몇 평인지, 어느 방향인지, 수리가 되었는지 등등 보다 세부적으로 가격을 결정 짓는 규격화된 틀이 있다. 이것은 PFP도 마찬가지다. 어떤 안경을 썼는지 눈 색깔은 어떤지, 배경색이 어떤지 돌연변이인지 등등, 각각의 요소마다 정해진 확률이 있는데 이를 레어리티rarity, 즉 '희귀도'라고 부른다. 이러한 정보는 마켓플레이스에서 확인할 수도 있고 프로젝트 팀에서 표를 제공하기도 한다. 대체로 희귀도가 높으면 비싸게, 낮으면 싸게 거래된다.

이렇게 이해하기 편하고 세부적인 가치판단도 쉽다 보니 거래도 활발해서 환금성도 높은 편이다. 투자한 프로젝트가 흥행에 성공하면 꽤 높은 수익으로 이어지기도 한다.

PFP의 매력을 정리하면 아래와 같다.

• 수집의 즐거움

- SNS 프로필 활용
- 취향 공유, 플렉스
- 커뮤니티 형성
- 투자자산

전 세계인에게 피자를 DAO

2010년 5월 22일, 비트코인 초기 채굴자 중 한 명인 라슬로 한예츠Laszlo Hanyecz는 비트코인 1만 개로 파파존스에서 피자 2판을 주문하는 데 성공했다. 이것은 비트코인이 최초로 실생활에서 사용된 사례가 되었다.

'레어피자 DAO'라는 단체는 이날을 기념하고자 NFT를 활용해 전 세계인에게 무료 피자를 기부하는 프로젝트를 기획했다. 자율적으로 모인 314명(파이를 상징)의 토핑 아티스트들이 토핑을 만들었고, 그렇게 만들어진 NFT를 판매해서 130만 달러, 약 14억 원을 벌어들였다.

도표 4-9 • 레어피자 DAO

그들은 이 수익금의 50%를 피자파티에 쓰고, 49%는 아티스트와 크리에이터들에게 배분하고, 나머지 1%는 조직의 운영기금으로 쓰기로 했다.

도표 4-10 • **레어피자 DAO 행사에 참여했던 전 세계 피자집 지도**

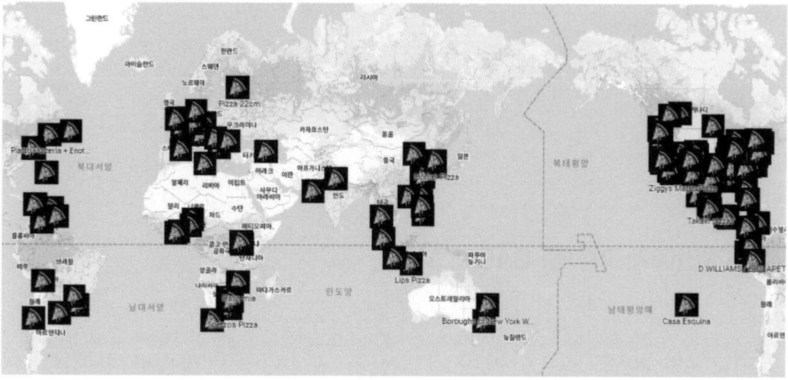

2021년 5월 22일, 피자 DAO는 한국 2곳을 포함한 전 세계 곳곳의 피자집에서 수백만 판의 피자를 구매했고, 방문객들에게 무료로 나누어주었다. 독거노인 가정이나 아프리카 작은 나라의 학교 등 평소에 피자를 접하기 어려운 곳에 더 많이 배분되도록 노력했다고 한다. 이는 블록체인과 아트를 좋아하는 사람들끼리 모여서 한바탕 즐기면서 수익도 창출하고 전 세계 기아 문제까지 해결하고자 했던 흥미로운 시도였다. 어떻게 이런 일이 가능했을까?

DAO는 'Decentralized Autonomous Organization'의 줄임말로, '탈중앙화 자율조직'을 뜻한다. 즉 공통의 목적을 가진 사람들이 모여서 중앙 집권화된 조직 없이 정해진 알고리즘에 따라 운영되는 조직이다. 2016년 이더리움의 창시자 비탈릭 부테린이 이더리움 프로젝트를 지원하기 위해 출범한 'The DAO'가 그 시초다. 유명한 DAO로는 미국의 헌법 초판본을 공동 소유하자는 목적으로 2021년 결성되었던 'Constitution DAO'가 있다. 최근에는 '레어피자 DAO'처럼 NFT를 기반으로 하는 DAO들도 많이 생기고 있다. NFT는 DAO의 멤버임을 증명함과 동시에 투표권의 역할도 할 수 있다. 해당 DAO의 가치를 비주얼적으로 표현하기에도 좋다.

도표 4-11 • 국보 DAO

2022년 1월, 우리나라에서도 경매에 나온 간송미술관의 국보 2점을 공동소유하자는 목적으로 만들어진 '국보 DAO'가 NFT를 발행한 사례가 있다. 아쉽게도 소기의 목표는 이루지 못했지만, 국내에서도 DAO의 다양한 가능성에 대해 새롭게 생각하게 만든 좋은 계기가 되었다. 2022년은 더 많은 사람들이 NFT를 기반으로 한 DAO의 형태로 새로운 커뮤니티 구조를 시도하는 한 해가 될 것 같다.

메타버스 경제의 핵심

NFT 못지않게 2021년을 휩쓸었던 단어가 있다면 바로 '메타버스'다. 메타버스는 초월을 의미하는 '메타'와 우주를 의미하는 '유니버스'의 준말로 현실이 옮겨진 가상세계를 뜻한다.

코로나 팬데믹으로 비대면 소통이 부각되면서 메타버스는 더욱 빠르게 우리 삶 속으로 스며들어왔다. 그런데 메타버스 속 경제가 현실의 경제처

럼 돌아가기 위해서는 디지털 데이터를 자산화해 주는 기술, 즉 NFT가 필수적이다. 이미 샌드박스, 디센트럴랜드, 크립토복셀 등 많은 메타버스들이 NFT를 활용해 가상 부동산이나 아이템들을 거래하고 있다.

P2E – 놀면서 돈벌자

도표 4-12 • The Sandbox의 NFT 오브젝트 마켓

도표 4-13 • **엑시 인피니티**

'엑시 인피니티Axie Infinity'는 2021년 가장 화제를 모은 게임 중 하나이다. 베트남의 스카이 마비스Sky Mavis라는 회사에서 개발한 수집형 모바일 게임으로, NFT 몬스터를 키우고 전투를 수행해서 토큰을 얻을 수 있는 구조이다. 엑시 인피니티의 몬스터 '엑시'는 교배를 통해 새로운 엑시를 만들 수 있는데, 이렇게 만들어진 엑시들도 모두 NFT이기 때문에 마켓에서 별도로 판매가 가능하다. 게임을 열심히 하면 계속 수익을 얻을 수 있다 보니 평균 소득이 낮은 국가 중심으로 열풍이 불기 시작했다. 특히 필리핀의 마을에서 거의 모든 주민들이 핸드폰을 들여다보며 엑시 인피니티를 하는 모습이 다큐멘터리로 만들어져 유튜브에서 큰 주목을 받기도 했다. 그 마을은 코로나 펜데믹으로 많은 주민들이 일자리를 잃은 상황이었는데, 게임을 시작하면서 코로나 이전보다 더 많은 수익을 얻는 사람들도 생겨났다고 한다. 그 인기 덕에 관련 코인의 가격도 급등했고, 2021년 10월에는 약 3조 5,710억 원의 기업가치를 평가받아 약 1,800억 원의 투자를 유치하기도 했다.

엑시 인피니티의 성공은 NFT 기반 P2E 게임의 유행을 불러왔다. 국내만 해도 수많은 게임사들이 NFT 게임 추진을 선언했고, 그러한 게임사들의 주식은 어김없이 빠른 상승곡선을 그리곤 했다. 국내에서는 아직

P2E 게임이 사행성 조장이라는 이유로 불법이라 당장은 좀 어려울 수 있지만, 조만간 국내외 수많은 게임사들이 준비하고 있는 게임들이 하나둘 등장하기 시작할 것 같다.

보다 완벽한 명품 인증서

NFT는 가상 자산의 소유권뿐만 아니라 현실의 상품에 대해서도 그 가치를 인증해 주는 기술로 부각되며 다양한 명품, 유통 브랜드 등에서 활용되고 있다.

2021년 4월, 유럽의 명품 브랜드 루이뷔통 모에헤네시LVMH와 카르티에의 모기업인 리치몬트, 프라다 그룹이 한데 모여 구매자들의 구매 이력과 진품 인증을 위한 블록체인 컨소시엄 'AURA'를 결성했다. 이 컨소시엄에서 연구하는 것 중 하나가 NFT를 활용하여 실물 제품의 정품을 인증해주는 시스템이다.

도표 4-14 • **아우라, SSG 개런티 명품 인증서**

국내의 경우 신세계에서 출시한 SSG 개런티 서비스에 NFT를 도입했

다. 소비자가 명품을 구매하면 NFT 기술이 적용된 디지털 보증서를 스마트폰에 발급한다. 보증서는 해당 상품의 구매 이력, 보증기간, 보안 정보 등을 담고 있으며 앞으로 사후관리 서비스를 강화할 예정이라고 한다. 이러한 기술은 패션뿐만 아니라 부동산, 식품 등 인증이나 보증이 필요한 전 산업 영역에 확대될 가능성이 있다.

NFT 담보대출

NFTfi는 가장 유명한 NFT 담보대출 플랫폼이다. NFT가 자산으로서의 가치가 커져감에 따라 2021년 초 NFTfi는 89만 달러의 투자를 유치했다. 또 다른 NFT 담보대출 플랫폼 아케이드는 2021년 말 1,500만 달러, 한화로 약 180억 원에 달하는 투자를 이끌어 냈다. 최근 NFT 시장이 더 빠른 속도로 커져감에 따라, NFT와 관련된 금융서비스들도 주목을 받고 있다. 기존의 금융사들도 상당수가 직접 NFT 사업에 뛰어드는 것을 검토하고 있다고 한다.

도표 4-15 • NFTfi

'NFT 시장'은 머지않아 사라질 것이다

산업 전반에 걸쳐 디지털 전환의 속도는 점점 더 빨라지고 있다. 그에 따라 디지털 자산의 소유권을 증명하는 NFT 기술 또한 더욱 주목받고 있다. NFT는 더이상 특정 장르나 산업의 카테고리가 아니라, 마치 '인터넷' 처럼 모든 영역에서 두루두루 쓰이는 필수 요소가 되어가는 듯하다. 이런 추세라면 'NFT 시장'이라는 표현은 머지않아 더이상 의미가 없어질 것이다.

'NFT 아트'라는 용어도 그렇다. 지금은 NFT 아트가 하나의 장르처럼 통용되고 있지만, 추후에는 NFT가 모든 예술영역의 디지털 인프라로 활용되는 시점이 올 것이라고 생각한다. 그렇게 되면 NFT 아트라는 말은 너무 당연해서 굳이 쓸 이유가 없어질지 모른다.

결국 NFT는 디지털 꼬리표일 뿐이다. 그 꼬리표가 어디에 달려 있느냐에 따라서 그 가치가 결정된다. NFT가 가져오는 변화들을 열심히 공부하며 따라가기는 해야겠지만, 보다 중요한 것은 나의 작품 세계를 묵묵히 쌓아가려는 노력일 것이다.

부록

NFT 실전 Q&A

1. 수작업 작가도 NFT 할 수 있나?

NFT의 특성상 CG나 애니메이션 등 디지털적인 작업물이 더 많은 것은 사실이다. 하지만 찾아 보면 수작업으로 보이는 작품도 어렵지 않게 발견된다. 게다가 요즘은 툴이 워낙 발달해서 결과물만 보아서는 수작업인지 디지털 작업인지 구분하기조차 어렵다.

그런데 수작업으로 공들여서 작업하는 방식이 본인의 스타일이라고 한다면, 굳이 숨기기보다는 오히려 공개하는 게 좋지 않을까 한다. 왜냐하면 내 작업의 방향성을 이해하고 내 스타일을 지지해 주는 컬렉터 한 명만 찾아도 작품은 결국 팔리는 것이기 때문이다. 어느 정도 트렌드를 반영하는 것도 좋겠지만, 대중을 의식해서 억지로 스타일을 바꾸기보다는 오히려 당당히 내 작품 세계를 묵묵하게 펼쳐가는 것이 나를 진심으로 지지해 주는 팬들을 모아가는 길이라고 생각한다.

2. 피지컬 작품을 그대로 스캔만 해도 NFT가 되나?

작품의 주인은 작가인 만큼, 이러한 실물 작품의 진위보장이라든지, 아니면 디지털 세상에 대한 철학 등 자신만의 설득력 있는 이유가 있다면 실물 그대로 스캔하든, 뒤집어서 스캔하든 작가 마음이라고 생각한다. 구매자도 구매자의 입장에서 자유롭게 판단해서 작가의 의도에 동의한다면 사고, 아니면 말고, 그러면 되는 것 아닐까?

하지만 실제로 그러한 시도를 해본 경험이 있는 피지컬 작가들의 이야기를 들어보면, 실물을 그대로 NFT화하는 것에 대한 대중의 반감이 아직 적지 않은 듯하다. 커뮤니티 활동을 통해서 관련 경험이 있는 작가들의 조언을 미리 받아볼 필요도 있어 보인다.

한편, 디지털과 블록체인이라는 요소는 아티스트에게 정말 흥미롭고 확장성 있는 예술의 재료가 될 수 있다. 그렇기 때문에 피지컬 작품을 그대로 스캔만 하기보다는 디지털적인 요소를 가미해서 새로운 방식으로 재창조하는 방식도 고려해 볼 만하다. 이미 많은 피지컬 아티스트들이 디지털이라는 재료를 굉장히 적극적으로 활용하면서 애니메이션으로, CG로, 메타버스로 작품 세계를 계속 확장해 나가고 있다.

3. NFT의 실물 원본을 따로 팔아도 될까?

이미 판매된 NFT 작품의 실물 원본을 별도로 파는 것은 매우 좋지 않은 선택이다. 자칫하면 작가의 이미지나 신용에 큰 상처를 줄 수 있기 때문이다. 구매자 입장에서 생각해 보면, 자신은 작품의 원본을 소유했다고 생각했는데 또 다른 원본이 존재한다는 사실을 뒤늦게 알았을 때, 아무

래도 속았다는 기분을 느끼게 될 것이다. 그리고 그것으로 여론이 형성되어 버린다면 작가는 이미지에 큰 타격을 받게 될 수도 있다.

NFT는 작가가 갤러리나 에이전시를 통하지 않고도 자신만의 방식으로 작품을 판매할 수 있는 길을 열어주었다. 하지만 동시에 작품의 홍보와 마케팅, 나아가서 고객관리까지 작가가 직접 챙겨야 한다는 부담도 함께 생겼다. 이는 작품만 하던 작가 입장에서는 솔직히 버거운 것이 사실이다. 그런 만큼 문제의 소지가 있을 만한 부분들은 미리 고민해 보고 대비를 해두는 것이 좋다.

또한, 내 작품의 컬렉터들을 각별하게 생각하는 태도도 매우 중요하다. 컬렉터는 그냥 구매자가 아니라 나의 작품 세계를 지지하고 실질적인 도움을 주는 진성 팬이자 후원자로 보는 것이 맞다고 생각한다. 실제로 컬렉터들은 구매 이후에도 열성적으로 작가의 홍보를 돕고 도움을 주려고 애쓰는 경우가 많다. 작가가 성장하고 유명해질수록 그 작품의 가치도 올라가기 때문이다. 그런 만큼 컬렉터들과의 관계를 잘 유지하는 노력도 필요하며 괜한 오해를 사거나 섭섭해할 만한 상황은 가급적 만들지 않는 것이 좋다.

참고로, 일부 피지컬 아티스트들은 NFT를 구매하면 원본 실물 작품도 함께 보내주는 방식의 판매도 하고 있다. 실물 원본과 디지털 원본을 함께 판매한다면 원본의 존재가 문제될 리 없을 것이다.

4. NFT 작품이 팔리면 작가는 더이상 그 작품을 SNS에 올리거나 활용할 수 없나?

NFT 작품을 판다는 것은 저작권이 아닌 소유권을 거래하는 것이다. 따라서 작가는 판매 전에도, 후에도 자유롭게 활용할 수 있다. 본인의 SNS

에서 작품을 홍보할 수 있는 것은 물론이다. 작품이 더 유명해지면 작품의 가치도 함께 올라가니 이는 구매자에게도 좋은 일이다.

다만 그러한 활용이 원본의 가치를 훼손하지는 않는지 작가 스스로 점검해야 한다. 만일 오해의 소지가 있다면 미리 컬렉터에게 설명하고 이해를 구하려는 노력도 필요할 것이다.

5. NFT를 만들기 전에 SNS를 키워야 한다는 것은 알겠지만, SNS에 작업물을 먼저 올릴 경우 누군가가 마음대로 가져가서 NFT로 만들어버릴까 봐 걱정된다. 그렇다면 작품 발매부터 먼저 한 다음에 SNS에 올려야 하지 않을까?

SNS에 공개한 작품의 저작권 침해 문제는 창작자에게 늘 따라다니는 고민거리 중 하나이다. 이는 비단 NFT만의 문제는 아니다. 아무리 조심해도 국내 작품이 해외에서 허락 없이 쓰이는 일들이 종종 생긴다. 하지만 개인 작가로서는 대처할 수 있는 방법이 거의 없다. NFT는 거래소 계정을 신고한다거나 트위터를 통해 항의하는 방법이라도 할 수 있으니 그나마 나은 형편이라고 볼 수도 있다.

그런 만큼 창작자는 자신의 기준대로 선택하는 수밖에 없다. 작품 도용이 우려되어 홍보를 소극적으로 할 것인가? 아니면 리스크를 감수하면서 커뮤니티 구축에 먼저 힘을 쓸 것인가? 개인적으로는 후자가 더 좋은 선택이라고 생각한다. SNS 커뮤니티의 친구들은 나의 작품의 진품성을 증언해 줄 증인이 되어줄 것이고, 내 작품이 도용당해서 오픈씨나 트위터 계정을 신고해야 하는 순간에 우르르 함께 몰려가서 도와주는 우군이 될 것이다.

6. 미성년자도 NFT 아티스트가 될 수 있나?

NFT 아트는 나이, 성별, 인종의 차이를 넘어서 누구나 자유롭게 자신을 표현할 수 있는 시장이라는 점이 중요한 매력 중 하나이다. 그런 만큼 이미 너무나도 훌륭하게 작품 활동을 하고 있는 청소년 작가들이 많이 있다. 대표적으로 도트 아티스트 아트띠프Arthief 작가와 더 샌드박스 복셀 아티스트 희동이 작가가 있다. 이 두 작가의 이야기는 여러 뉴스와 기사에서 다루어진 바 있으니 검색해 보면 많은 참고가 될 것이다.

다만 NFT를 발행하기 위한 가스피가 필요할 텐데, 암호화폐의 구입은 어른들의 도움을 받아야 한다. 국내 거래소는 미성년자 가입이 불가능하기 때문이다.

7. NFT 아트는 그림이나 영상만 가능한가?

그림이나 영상이 가장 대중적이기는 하지만 음악, 사진, 무용, 문학 등에서도 다양한 시도들이 이루어지고 있다. 공연예술의 일종인 샌드 아트를 하는 샌드방 작가의 경우, 샌드 아트 공연 과정을 타임랩스 편집 영상으로 제작하여 NFT로 판매하였는데 매우 좋은 반응을 얻고 있다. 조각가인 모준석 작가는 조형 작업의 맥락을 3D 공간에서 공간 드로잉으로 재현하여 그 3D 파일을 NFT로 발행하고 있다. 음악은 영상 작품과 콜라보레이션 형태로 활동하기도 하고, NFT 구매자에게 사용권을 인정해 주는 방식으로 판매를 하는 경우도 있다. 문학에서는 배수연 시인의 시집이 NFT로 판매되어 화제가 되기도 했다.

8. 작품을 팔면 저작권도 넘어가는 것인가?

일반적으로 NFT 아트 거래는 '저작권'이 아닌 '소유권'에 대한 거래다. 갤러리에서 그림을 샀다고 해서 그 그림을 티셔츠에 프린트해서 팔거나 할 수 없듯이 NFT 아트도 마찬가지다. 구매자는 그 그림의 '소유권'을 샀을 뿐 '저작권'을 산 것이 아니므로, 저작권은 여전히 작가에게 남아 있다.

다만 작가가 애초에 판매를 하면서 저작권까지 판매한다는 약속을 하는 경우도 있다. 예를 들어 유명한 PFP 프로젝트인 BAYC의 경우, 구매자에게 상업적으로 활용할 권한까지 주어진다. 어찌 되었건 전적으로 창작자가 정할 일이다.

9. 한 작품을 여러 플랫폼에 동시에 올려도 되는가?

올리는 것은 자유지만 구매자의 입장을 생각해 볼 필요가 있다. 특정 플랫폼에서 유일한 작품으로 알고 작품을 구입했는데, 동일한 작품이 다른 플랫폼에도 있다는 사실을 알게 된다면 속았다는 기분이 들지 않을까? 장기적으로 작품 활동을 이어갈 생각이라면 신뢰를 잃을 만한 행동은 하지 않는 것이 좋겠다.

10. NFT 판매로 얻은 소득에 대해서 세금을 내는가?

2022년 3월 기준으로, NFT의 경우는 아직 세금이 부과되지 않고 있다. 다만 가상화폐에 대한 과세도 2023년부터 시작된다고 알려져 있고, NFT의 세금 문제에 대한 논의도 활발히 이루어지고 있으니 만큼, 조만간 그 방향성이 정해지지 않을까 생각한다.

NFT 아트 실전 수업

1판 1쇄 발행 2022년 4월 25일
1판 2쇄 발행 2022년 5월 30일

지은이 돈신궁예(김영근)
펴낸이 최태선
펴낸곳 라이온북스
등록 제313-2005-000221호
주소 14057 경기도 안양시 동안구 벌말로 126 3012-2
전화 02-3142-4364
팩스 02-6442-4364
이메일 lionbooks@naver.com
블로그 blog.naver.com/lionbooks

제작 조광프린팅
용지 표지 : 아르떼 190g
본문 : 모조 100g

ISBN 978-89-94643-93-9 13000